Sommario

Introduzione

Tutti sono classificati narcisisti alla nascita. In sostanza, questo ha senso, perché fin dal primo giorno nel grembo di tua madre, dipendi da tutti o da qualcuno per soddisfare ogni tuo desiderio. La tua vita è letteralmente nelle cure di qualcun altro. Man mano che cresci in un bimbo e in un bambino, inizi a sviluppare un senso di personalità in cui spingi avanti i limiti, metti alla prova i confini e ritieni tutti gli altri responsabili delle tue azioni perché non ti conosci al meglio. Te la cavi con le cose grazie alla tua dolcezza e al tuo fascino e, finché continua, impari a essere narcisista anche nella tua adolescenza. Ma solo perché siamo nati narcisisti non significa che dobbiamo convivere con un disturbo narcisistico di personalità.

Esistono tre diversi tipi di narcisisti, ciascuno con i propri tratti oscuri e la trama maliziosa dietro le quinte. I narcisisti maligni, tuttavia, sono sadici per natura e soffrono anche di un disturbo antisociale di personalità, il che significa semplicemente che non hanno alcun riguardo per i sentimenti umani. Quando sentiamo il termine narcisista, potremmo mettere la testa sotto la sabbia o aggrottare la fronte, perché sappiamo tutti cosa significa. Se hai vissuto con un coniuge narcisista, il tuo cuore potrebbe battere dieci volte più velocemente per alcuni minuti con la paura travolgente causata dalla tua relazione. Potresti avere quella vocina dentro la tua testa che ti dice di correre, ma contro il tuo miglior giudizio, rimani perché sei empatico con i suoi sentimenti. Alcune persone non sanno nemmeno di essere in una relazione narcisistica perché hanno gli occhi bendati e credono che il narcisista possa cambiare e cambierà. Tuttavia, questo non si avvera mai e l'abuso continua a peggiorare sempre di più. Alla fine, non sai cosa provare - ed è davvero la fine?

I narcisisti entrano nelle nostre teste e ci fanno credere quello che vogliono farci credere, finché possono farci restare. Rimaniamo perché cerchiamo di vedere il buono in loro, mentre ci tengono in giro solo per nutrirci di noi e costruire il loro ego narcisistico come fonte costante di attenzione. Con intimità e spruzzi di speranza e amore qua e là, cadiamo ancora più profondamente in una relazione in cui sappiamo che non dovremmo essere. La spinta e la trazione dei giochi di testa avanti e indietro che giocano crea un legame traumatico, che lo rende anche più difficile andarsene. Temi la tua relazione? Hai paura di dove sia ora o di dove sia diretta? Hai perso più parti di te stessa, dei tuoi amici e, potenzialmente, la tua sanità mentale? Conosci ancora il giusto dallo sbagliato? Quando entriamo in relazione, diamo sempre a qualcuno il beneficio del dubbio nella speranza che le cose non andranno come le relazioni passate che non hanno funzionato. Quando entri in una relazione con un narcisista, però, stai praticamente firmando un patto con il diavolo senza nemmeno saperlo. In poco tempo, diventi intrappolato, spaventato, infelice e impotente mentre metti in discussione te stesso e la tua realtà, chiedendoti come le cose siano diventate così oscure.

In questo libro imparerai le molte ragioni per cui un narcisista fa questo alle persone, perché ti senti intrappolata e come sfuggire alla loro ira con sicurezza e facilità. Imparerai da dove viene il disturbo narcisistico di personalità, come si sviluppa e come fermarlo. Inoltre, se hai figli con un narcisista, questo libro è il tuo punto di riferimento per informazioni su come gestire una relazione di co-genitorialità con loro. Non è mai divertente subire abusi, ma quando un narcisista ti afferra, può sembrare che tutto il tuo mondo crolli e tu non sai come sfuggire all'oscurità. Potresti persino temere che il narcisista che è in te sia uscito fuori e si scateni su tutte le persone a cui tieni. Ciò se non sei stato ancora completamente isolata.

Suona familiare? Scopri cos'è un narcisista, come essere co-genitore con loro, cosa aspettarti quando rompi i legami con loro e, infine, come trovare pace nel tuo cuore dopo che è ufficialmente finita. Questo libro ha tutto ciò.

Capitolo 1:

Comprensione
delle relazioni narcisistiche

Devo restare o devo andare? Questa è la domanda che la maggior parte delle persone si pone quando si trova legata a un coniuge violento o narcisista. La maggior parte delle volte, sono le persone empatiche o codipendenti che attraggono i narcisisti. Le persone che sono egoiste, egocentriche, ciniche, sgradevoli e mentalmente o emotivamente violente sono quelle che hanno tratti narcisistici. Tuttavia, il narcisismo è presente in ogni persona della razza umana - è solo quando qualcuno ottiene questi tratti e li impiega in tutti gli aspetti della sua vita che soffre di disturbo narcisistico di personalità (NPD). Le persone con disturbo narcisistico di personalità spesso non si rendono conto di essere narcisisti a causa del modo in cui sono state allevate, di solito da un genitore narcisista. Per loro, l'indisponibilità emotiva, le critiche, le aspettative elevate e sentirsi in diritto di tutto è la normalità. Sebbene non ci sia motivo per qualcuno di incolpare, vittimizzare, controllare e manipolare, un narcisista fa queste cose per la bassa autostima e scarsa autostima.

Allora, cos'è il disturbo narcisistico di personalità? Il narcisismo può essere salutare, anche essenziale per una personalità equilibrata. Il narcisismo sano è quando qualcuno è egoista nella propria crescita, ma non egocentrico al punto da usare gli altri per ottenere una crescita personale. È quando a qualcuno piace l'attenzione, ma sa anche come prestare attenzione a qualcun altro. In generale, il narcisismo sano è quando qualcuno è abbastanza egoista da inseguire i propri sogni e lottare per il successo, ma ha anche l'empatia per costruire e mantenere relazioni forti. In un certo senso, qualcuno che ha alti livelli di intelligenza emotiva può essere definito come uno che sviluppa un sano narcisismo.

D'altra parte, qualcuno a cui è stato diagnosticato un disturbo narcisistico di personalità è qualcuno a cui manca l'empatia per gli altri, dove non si ci si preoccupa dei pensieri e dei sentimenti di qualcun altro. L'NPD è quando qualcuno sperimenta un'immagine grandiosa, esagerata e fantasticata di se stesso e brama attenzione e ammirazione, tra molte altre caratteristiche come::

- Ha l'opposto dell'intelligenza emotiva
- Ha un bisogno eccessivo di riconoscimento e lode

- Crede di essere superiore a tutti gli altri (di solito fantasticando)
- Cerca denaro, potere, controllo, ecc. con tattiche di manipolazione
- Mancanza di empatia
- Utilizza le persone per ottenere ciò che vuole senza considerare le conseguenze
- Di solito è una persona arrogante o spavalda

Il disturbo narcisistico di personalità non è genetico, sebbene sembri a prima vista che possa essere trasmesso di generazione in generazione. Ogni bambino è influenzato dal genitore o dal tutore, quindi se il genitore soffre di NPD, molto probabilmente anche i suoi figli diventeranno narcisisti. I genitori narcisisti si aspettano troppo dai loro figli e, poiché mancano di empatia, spesso ignorano i bisogni, i desideri e i desideri dei loro figli, specialmente quando il bambino sviluppa un senso di indipendenza. Agli occhi di un narcisista, il loro bambino è su questa Terra per servirli. Essenzialmente, vedono i loro figli come un'estensione di se stessi. Il genitore diventerà invidioso, cinico e persino competitivo quando si tratta del successo dei propri figli. I narcisisti si sentono autorizzati a tutto, quindi quando il loro bambino riesce, rubano i riflettori e fanno sentire i loro figli non apprezzati, il che promuove comportamenti codipendenti nell'età adulta. Man mano che il bambino cresce, impara che riceve amore e attenzione solo se ottiene l'approvazione del suo caregiver. Di conseguenza, il bambino cercherà sempre di migliorare, impressionare e lottare per la perfezione mentre cerca continuamente la convalida. I cercatori di convalida spesso diventano gradevoli, cercatori di attenzione e manipolatori, poiché questo comportamento è ciò che è sembrato funzionare per loro per tutta la vita. Nell'età adulta, quando qualcuno viene intimamente coinvolto con un partner, utilizzerà comportamenti come la manipolazione, il controllo, il piacere delle persone e la menzogna per ottenere amore e accettazione dal coniuge.

All'inizio di ogni relazione, c'è una fase della luna di miele in cui la coppia è nuova, fresca e ha voglia l'uno dell'altro. Un narcisista può essere estremamente affascinante, perché dà alla sua "vittima" o potenziale partner attenzione e affetto fintanto che lo riceve in cambio. A poco a poco, man mano che la relazione progredisce, il narcisista presterà sempre meno attenzione al coniuge, perché si è sentito a proprio agio con lo sforzo e l'affetto che il partner gli dà. Il partner, d'altra parte, può provare sentimenti di solitudine e tradimento e desidera ardentemente l'affetto del suo amante. Con una delle caratteristiche di un narcisista che è la mancanza di empatia, raramente noterà i sentimenti del coniuge, e nella relazione il narcisista ignorerà i sentimenti del coniuge nel tentativo di evitare il senso di colpa o incolpare il fatto che stiano facendo qualcosa di sbagliato . I narcisisti maligni, tuttavia, non si sentono come se avessero mai fatto qualcosa di sbagliato e continueranno a svalutare il loro partner di proposito. Imparerai più avanti in questo capitolo che ci sono tre diversi tipi di narcisisti, che verranno spiegati in modo più dettagliato. Un narcisista maligno è il narcisista più pericoloso di tutti.

In una relazione narcisistica, potresti sentirti come se i confini della tua privacy non venissero rispettati. Per quanto il tuo partner narcisista dica che capisce o che si sforzerà di più, o forse addirittura si scusi, continua solo a ripetere i suoi schemi. Questo è principalmente perché non ha ricevuto la guida adeguata crescendo - i suoi confini sono stati mancati di rispetto, il che lo ha lasciato a sentirsi abbandonato e non amato, o meglio, amato condizionatamente. L'effetto che questo ha sul coniuge è che può avere paura di esprimersi emotivamente o stabilire dei limiti. Il problema delle relazioni narcisistiche è che i narcisisti spruzzano un po' di luce nella tua giornata nel tentativo di tenerti attiva. Qualcuno che soffre di questo abuso si chiederà spesso se ha fatto abbastanza una cosa, se qualcosa sarebbe cambiato. Una persona empatica è disposta a dare al proprio partner il "beneficio del dubbio" innumerevoli volte, nel tentativo di aggiustare il proprio coniuge o aiutare il proprio partner. Tuttavia, un narcisista non cambierà mai a meno che non veda che c'è un problema.

Sebbene ciò accada, è molto raro che un narcisista veda che qualcosa, specialmente se il proprio comportamento è sbagliato.

I narcisisti hanno problemi di bassa autostima profondamente radicati e alimentati in base alla loro educazione. Detto questo, di solito crescono facendo i prepotenti con gli altri per ottenere ciò che vogliono e, man mano che vanno avanti nell'adolescenza, iniziano a capire come funziona la manipolazione. A casa, vedono i loro genitori cavarsela controllando il loro ambiente, usando le persone per ottenere ciò che vogliono e mantenendo un'elevata immagine di sé all'esterno, e questo tipo di comportamento è qualcosa che proveranno ad avere. A causa della mancanza di empatia causata dalla mancanza di attenzione e guida mentre si sono visti crescere, viene loro insegnato che le emozioni non sono necessarie e spesso nascondono o reprimono i propri sentimenti. Quando qualcun altro mostra vulnerabilità essendo turbato o arrabbiato, il narcisista ignora le sue emozioni e spesso non si rende conto di aver ferito o causato dolore emotivo ai suoi partner. L'abuso che proviene da un narcisista può includere:

- Abbandono emotivo
- Negligenza
- Manipolazione
- Lavaggio del cervello

- False informazioni
- Ignorare il partner
- Attraversare i confini
- Invadere lo spazio e la privacy
- Incolpare
- Agire sul senso di colpa

Tra le altre vergognose tattiche abusive, i narcisisti non vedono il lato sbagliato perché quando abusano, agiscono solo in base a ciò che gli è stato insegnato e da cui sono influenzati. Un narcisista nascosto agirà spesso in modo passivo-aggressivo nei confronti del coniuge, quindi giustificherà le sue azioni con bugie o false informazioni. A meno che un narcisista non abbia subito un duro colpo alla propria immagine o ego, non cercherà una guida o una terapia per "cambiare", poiché è felice di ottenere ciò che vuole attraverso il suo comportamento violento. Inoltre non ci vede nulla di sbagliato, quindi l'autocritica per la sua personalità gli è estranea.

Tipi di narcisismo

Esistono tre tipi di narcisisti: il classico, il nascosto e il maligno, che vanno da lievi a estremi (estremo è il narcisista maligno). Un narcisista maligno è il più distruttivo, coinvolto in se stesso, ostile e violento. Inoltre, un narcisista nascosto - noto anche come narcisista vulnerabile - è più discreto nei suoi modi, ma ciò non significa che sia meno pericoloso. Ad esempio, qualcuno può convivere e persino sposare un narcisista nascosto senza mai sapere di esserne innamorata. Un narcisista classico è quello a cui pensa la maggior parte delle persone quando pensa al narcisismo. I malati di NPD sono generalmente descritti come aventi un buon motivo per esserlo a causa delle loro grandiose fantasie su se stessi, mentre usano tattiche di manipolazione per ottenere successo personale e potere sugli altri. A causa della bassa autostima del narcisista, sono molto sensibili alle critiche, quindi scatenarsi con comportamenti dannosi è il risultato della loro rabbia repressa per proteggere il loro fragile ego.

Ciascuno dei tre tipi di narcisisti ha sottotipi e non tutti agiscono allo stesso modo, poiché ogni narcisista ha il proprio modo di pensare e percepire. L'unica cosa che hanno in comune è il loro fragile ego con le loro insicurezze derivanti dalle esperienze dell'infanzia.

Narcisisti classici:

I narcisisti classici sono quelli a cui le persone pensano quando sentono la parola "narcisista". Questo tipo di narcisista stabilisce la definizione di narcisismo per gli altri due tipi. Si annoiano facilmente mentre rubano i riflettori o "prendono tutta l'aria" nella stanza quando non sono interessati a una conversazione. Si aspettano grandi elogi perché bramano un'eccessiva quantità di attenzione, mentre allo stesso tempo hanno la convinzione di essere migliori degli altri. Troverai spesso i narcisisti classici che si vantano dei loro successi o esagerano le loro storie come un modo per competere o "unirsi" a qualcun altro.

Narcisisti vulnerabili:

Conosciuto anche come narcisista fragile o nascosto, questi narcisisti evitano i riflettori ma si sentono comunque superiori e si aspettano un'attenzione individuale. Piuttosto che attirare l'attenzione o rubare la scena a qualcuno, si attaccheranno a un altro individuo e li useranno per curarsi. Il motivo per cui questi tipi di narcisisti spesso passano inosservati è perché giocheranno la carta del "povero me" e incolperanno gli altri come un modo per ottenere ammirazione. In altre parole, i narcisisti vulnerabili possono essere piuttosto vendicativi, manipolatori e discreti nei loro abusi.

Narcisisti maligni:

Questo tipo di narcisisti è il più pericoloso, noto anche come tossico, e sono altamente manipolatori e sfruttatori poiché uno dei loro tratti principali è il sadismo. Il loro disturbo narcisistico di personalità è spesso accompagnato anche da disturbo antisociale di personalità, motivo per cui i narcisisti maligni sono così pericolosi. Oltre alla loro mancanza di empatia per gli altri e alla loro natura sadica, la loro personalità dissociale li rende impulsivi e aggressivi nel loro comportamento. Questo disturbo antisociale non è prominente negli altri due tipi di narcisismo ed è spesso la caratteristica principale di uno psicopatico o sociopatico. Il narcisista maligno ignora tutti i sentimenti, ha una morale bassa, non si preoccupa delle conseguenze e farà di tutto per dominare e controllare le persone intorno a se'. Si dice che i narcisisti maligni non abbiano rimorsi per il loro comportamento e possano effettivamente divertirsi a torturare gli altri.

Sottotipo uno - Palese vs. Segreto

Overt si riferisce al modo in cui un narcisista maligno farebbe le cose: manipolazione, lavaggio del cervello e disprezzo apertamente dei sentimenti. In segreto è il modo principale in cui opererebbe un narcisista vulnerabile: fare in modo che le persone provino compassione per loro, accusando qualcuno e cercando opportunità per manipolare qualcuno in modo più riservato. Sia i sottotipi palesi che quelli segreti sono orgogliosi e offensivi, tuttavia i narcisisti palesi abusano in un modo che è evidente e indifferente. I segreti impiegano più tempo per complottare, pianificare e quando vedono un'opportunità, innegabilmente colpiranno. Questi tipi nascosti abusano gradualmente e mantengono la "scintilla" della relazione per un bel po' di tempo prima di mostrare il loro altro lato. Un narcisista maligno può essere nascosto o palese nei suoi modi offensivi.

Sottotipo due - Somatici vs. Cerebrali

Questi sottotipi sono definiti dai valori fondamentali del narcisista in sé. I narcisisti non possono mai essere offuscati dal loro partner o da chiunque, se è per questo. Il loro punto di vista sui loro partner e persino sui loro figli è che sono un premio da mostrare al resto del mondo. I narcisisti somatici sono fissati e completamente interessati alla propria immagine. Troverai questi narcisisti in palestra, che fanno jogging, seguono una dieta sana e mantengono un corpo attraente. I narcisisti cerebrali sono il cervello dell'operazione. Questi narcisisti sono intelligenti e mostrano il loro intelletto vantandosi o competendo per la loro intelligenza durante le conversazioni. Spesso impressionano le persone con i loro risultati e di solito sono considerati "il capo" nella maggior parte delle aziende. Tuttavia, non tutti i leader principali sono narcisisti e non tutte le persone in forma sono narcisiste. Tutti e tre i narcisisti possono essere narcisisti somatici e cerebrali.

Sottotipo tre: invertito

Un narcisista invertito è il tipo che vittimizza i suoi predatori. In altre parole, un narcisista invertito è il narcisista che entra in relazione con altri narcisisti. Sono visti come codipendenti e si attaccano ad altri narcisisti per ottenere ammirazione e accettazione. Un narcisista nascosto o vulnerabile può essere il sottotipo invertito e di solito soffre di un'infanzia negligente.

Per quanto sia utile per te fare ricerche sul narcisismo e sui vari tipi, è fondamentale per la tua salute mentale, fisica ed emotiva liberarti del tutto dalle persone tossiche.

Riconoscere la relazione narcisista

I narcisisti possono essere molto affascinanti e gentili all'inizio della tua relazione. Sono molto intelligenti e il loro intento è quello di conoscerti subito. Hanno bisogno di scoprire quali sono i tuoi punti di forza e di debolezza: se sei un empatico, se sei sicuro o insicuro. Il loro obiettivo è capire i tuoi obiettivi, desideri, ambizioni e bisogni in modo che, a poco a poco, possano iniziare a scomporli. La ragione di ciò è perché sono altamente egoisti e finché hai dei "doveri" da qualche altra parte, hanno bisogno di isolarti in modo che tu diventi dipendente solo da loro - per accontentarli. Alcune cose da sapere su un narcisista:

Sarà sempre su di te

Proprio come un genitore narcisista, tutti sono un'estensione di loro stessi, compresi i loro partner. Se sei riuscito in qualcosa o hai raggiunto un obiettivo, il narcisista in qualche modo te la farà o cambierà la conversazione finché non sarà al centro della scena. Se sei in disaccordo, o forse hai avuto una brutta giornata e vuoi tornare a casa e sfogarti con il tuo coniuge, ignorerà tutto ciò che hai da dire e parlerà della sua brutta giornata, invece. A Natale o ai compleanni, se i narcisisti ti fanno un regalo, molto probabilmente sentirai quanto sia stato scomodo per loro portarti quel regalo. Infatti dovresti essere più grata per questo, a causa del loro sforzo per te. Invece di poter godere di qualcosa di buono o positivo nella tua vita, sarai sempre oscurata dalla loro disperazione per l'attenzione e ammirazione. In altre parole, se non stai dando loro i riflettori, non li stai accontentando; se non gli piaci, non sei niente.

Potrebbe essere più facile per qualcuno compiacere il narcisista dandogli quello che vuole, quindi andare avanti. Poiché questo può essere in qualche modo efficace per un figlio del narcisista, potrebbe non andare così bene per un partner. Quando dai al narcisista quello che vuole e ignori i tuoi sentimenti, vai contro la tua morale e potresti persino, per i tuoi limiti per loro, prepararti per il fallimento lungo la strada. Se il tuo unico scopo è servire il narcisista, ti alleni dicendo che va bene lasciare che qualcuno si approfitti di te. Ai bambini, in particolare, piace prendere la strada del "Servirò i miei genitori, in modo che non discutiamo". Questo tipo di pensiero li rende solo più disposti ad accettare che il loro scopo su questa terra è quello di compiacere gli altri, ma in loro l'individualità soffre nel processo. Questo può portare a relazioni codipendenti perché i bambini - con le loro collaborazioni a lungo termine - vengono privati della loro capacità di sentirsi potenziati quando accade qualcosa di buono.

Poiché i narcisisti sono facilmente in grado di individuare le caratteristiche di qualcuno nelle prime fasi di una relazione, inizieranno a riconoscere quando qualcuno piacerà e rinuncerà a tutto per loro. I figli dei narcisisti spesso attraggono altri narcisisti quando sono più grandi, perché hanno imparato a non disturbare le persone con modi egoistici estremi. Invece, imparano a "inchinarsi" ed essere controllati da qualcuno che è egocentrico, che è la loro versione opposta.

L'amore sarà sempre e solo condizionale, non incondizionato

Un narcisista aggancerà il suo potenziale partner indossando un forte fascino e usando gesti e parole romantiche per esprimere ciò che sente per te. In una relazione con un narcisista sembrerà che agisca e faccia le cose più del necessario e nel parlare di sentimenti, presenti mancanza di empatia sembrando invulnerabile. L'intimità sessuale di solito sopraffà la relazione mentre cercano di essere i migliori, e anche se lo sono, lo sanno a prescindere e continueranno a sforzarsi di essere ancora migliori per farti sentire bene e non andartene. All'inizio, sembreranno offrire l'intero pacchetto: un essere amorevole, intelligente, attraente, affascinante, generoso, sensibile, ecc.

Se ci pensi, i media (film, libri, riviste, personaggi famosi) hanno addestrato le nostre menti a cercare gli uomini più belli - alti, con capelli scuri, attraenti - o le donne più accattivanti - figura a clessidra, lunga e bionda, occhi azzurri o verdi luminosi. Ognuno di questi personaggi di fantasia e non di fantasia ha successo, è finanziariamente stabile, affabile e "perfetto". Nella maggior parte dei romanzi rosa, il maschio di solito non si ferma davanti a nulla per salvare, o conquistare la sua principessa o amante. Una volta ottenuto ciò che vuole, la storia di solito finisce in felici e contenti - poi esce un altro film o libro e scopriamo che l'eroe non è così eroico, dopotutto.

In base alla struttura della nostra infanzia - i film con finali da favola, i libri con re e regine, le nostre relazioni passate, ecc. – ci potremmo trovare ad aver avuto molte relazioni fallite perché continuiamo a cercare e ad attrarre queste figure narcisistiche. Ci viene insegnato che quando troviamo l'amore, qualcuno ci fa sentire integri, accolti, speciali e desiderati, di non rinunciare mai a questa persona, poiché questo potrebbe essere il nostro vero amore. Poi, quando le cose vanno molto male, impariamo a lasciare andare il rispetto per noi stessi e ad abbandonare i nostri confini perché "ogni relazione ha problemi". I nostri anziani raccontano ai nostri giovani le storie che hanno avuto con i loro partner. Ci raccontano come le cose non siano sempre state facili, ma sono rimasti perché si amavano, di come le coppie non si separano, stanno insieme e fanno funzionare le cose. Avendo questa fantasia di vita amorosa programmata nella nostra mente, giustificiamo le azioni del nostro partner nel tentativo di compiacere non solo loro, ma i nostri anziani e i nostri amici o familiari. Vogliamo sempre essere quella coppia che fa dieci, venti, trent'anni, anche lungo la strada. Il problema però, è che in tutti questi anni, quali rischi stai correndo per raggiungere questo obiettivo?

Quando siamo "amati" da un narcisista, raramente è vero amore incondizionato. Il loro amore ci fa sentire (di solito se siamo empatici, codipendenti e individui insicuri) come se tutto ciò che facciamo fosse buono, come se i nostri sforzi e risultati fossero notati (solo da loro). Ci fanno sentire veramente "alti", in modo che in cambio possiamo mostrare loro come ci fanno sentire, il che è sorprendente, meraviglioso, degno di fiducia, ecc. Queste azioni o sentimenti che ottengono da te sono ciò che già credono di se stessi e fintanto che ricevono l'attenzione richiesta da te, si mantengono alti il loro ego e la fiducia. In un certo senso, è una rassicurazione per loro che sono ancora potenti, forti e grandi. Una relazione narcisistica può sembrare davvero grandiosa, fino a quando un giorno non è così. Quando smetti di mostrare loro amore, affetto, gratitudine e ciò di cui hanno bisogno per mantenere il loro ego potenziato anche per un secondo, si scateneranno con comportamenti maligni e offensivi. Questo è il loro modo di correggere i tuoi difetti, in modo che tu possa continuare a inondarli di ammirazione. Il che, a sua volta, sta allenando il tuo cervello a non avere un'opinione e finché le cose andranno bene per loro, anche la tua vita sarà fantastica.

Il gioco della colpa

Tutti attraversano momenti difficili e disaccordi in una relazione sana; una relazione con un narcisista sembrerà quasi l'opposto. I tuoi errori passati, nel momento in cui sei coinvolto con il narcisista, verranno riportati in superficie molte volte (poiché non possono lasciarsi andare o dimenticare che hai fatto qualcosa di sbagliato); tuttavia, non vedono nemmeno che i tuoi difetti potrebbero essere stati una conclusione o una conseguenza di ciò che hanno fatto. In altre parole, i loro comportamenti e le loro azioni sono stati causati da te, senza che tu abbia mai fatto alcun torto o danno. Potresti sentirti come se stessi impazzendo con le continue riformulazioni, fatte selezionando attentamente le tue parole e inducendole a descrivere indirettamente la tua prospettiva sulle sfide nella tua relazione. Di conseguenza, saranno sempre accecati da ciò che hai fatto, ignorando ogni responsabilità per le loro stesse parole e azioni come se tu facessi fare quello che hanno fatto. Questo può farti mettere in discussione tutte le tue azioni e immaginare le tue convinzioni nel tentativo di farti apprezzare dall'altra parte. Quando fai punti validi o affermazioni solide, ti faranno ancora delle domande mentre cercano di giustificare il ragionamento dietro il tutto.

Il risultato è che ci sentiamo in colpa per averli feriti, ma non otteniamo mai la soddisfazione o il riconoscimento di essere stati feriti perché ci fanno sentire come se lo meritassimo.

Affrontare la questione con il tuo coniuge narcisista farà sì che sia passivo-aggressivo o negherà che qualcosa di simile a ciò che stai suggerendo sia accaduto. Quando chiedi loro di spiegare i loro sentimenti o di essere vulnerabili con loro, potrebbero dire che non c'è nulla di cui parlare perché non sono loro quelli con il problema - lo sei tu. Attraverso tattiche di manipolazione e false informazioni, il narcisista è bravo a farci credere che il problema siamo noi, che i difetti della relazione sono colpa nostra e che sono loro quelli che sono feriti.

La realizzazione

Una relazione narcisistica può essere una delle relazioni più edificanti, positive ed eccitanti che tu abbia mai sperimentato. Inoltre, è una delle relazioni più pericolose, mentalmente estenuanti e irrispettose che tu possa mai sopportare. La dura verità è che una volta che ti rendi conto di essere in una relazione narcisistica, devi venire a patti con questo e lasciare andare la relazione. Se condividi uno o più figli con un narcisista, può essere difficile, ma la strada per il recupero è ricordare chi sei. Ottieni la tua autostima e conosci la verità che vive dentro di te. All'inizio potrebbe volerci un po 'di tempo, ma i passaggi per il recupero sono fondamentali per il successo di E i tuoi figli. Più avanti in questo libro, discuteremo l'argomento del recupero e come essere co-genitore con il narcisista. Ma per ora, capisci che la prima regola per lasciare il tuo narcisista è tagliare i legami, terminare il contatto e non permettere a te stesso di essere risucchiato attraverso i suoi metodi di attrazione. Questo richiederà molto lavoro interno e potresti essere negato all'inizio. La tua mente vorrà ricordare tutti i bei momenti, i momenti in cui eri più felice e soddisfatta. Devi arrivare a capire che la tua idea di questa persona non è mai esistita davvero - per tutto questo tempo c'è stato uno stratagemma per farti servire il suo ego e costruirlo. Ricorda che una relazione sana richiede due percorsi, entrambi percorrono strade diverse ma alla fine si uniscono. Li costruisci ed essi ti edificano in cambio. Celebratene il successo, mentre essi celebrano il vostro. Il motivo principale per cui qualcuno potrebbe non porre fine a una relazione narcisistica è perché è profondamente innamorato del proprio partner o perché ha vissuto la maggior parte della sua vita con questa persona. Potresti avere false convinzioni sul fatto che il narcisista non sia effettivamente un narcisista, che possa cambiare se hai fatto una cosa migliore o gli hai fatto capire i modi, perché secondo te ha quasi capito. La consapevolezza che un narcisista sia tale sta nel rendersi conto che il narcisista stesso deve voler cambiare. Devono amarti nello stesso modo in cui li ami perché vogliono sistemare la relazione e passare attraverso la consulenza relazionale o la terapia individuale. Non puoi convincerli a farlo, né puoi provare a cambiarli con la tua empatia. Solo con questa consapevolezza può cambiare un narcisista, che richiede anche numerosi anni perché essenzialmente, ciò significa ristrutturare il proprio cervello, derivante dall'infanzia. Una nota da portare a questo è che se vogliamo davvero essere amati, dobbiamo imparare ad amare e accettare noi stessi. Sì, questo è menzionato ovunque, o forse l'hai sentito ovunque tu vada. Ma il detto è vero. Come può qualcuno accettarti, amarti e apprezzarti se non ti senti in quel modo per te stesso? Solo quando avrai sviluppato una comprensione più profonda per te stesso sarai sempre pronto per l'impegno con qualcun altro. Un profondo rispetto per se stessi offre al loro partner un esempio su come trattarti, in modo da non sperimentare mai più una relazione malsana o violenta.

Lo sviluppo del disturbo narcisistico di personalità

Come affermato in precedenza nel primo capitolo, ognuno di noi ha un elemento di narcisismo al suo interno. Solo quando questi tratti narcisistici prendono il sopravvento su ogni aspetto della vita di qualcuno e rovinano relazioni potenzialmente sane, può essere classificato come un disturbo. Il narcisismo inizia nel primo sviluppo di un bambino. Durante questi anni dell'infanzia (dal neonato, al bambino, al giovane), i bambini sono egoisti ed egocentrici, contano esclusivamente sui loro genitori per farsi dare gli ingredienti fondamentali per essere individui indipendenti. I bambini lottano con le loro emozioni in tenera età - attraverso i capricci e il comportamento provocatorio, piangono per ciò che vogliono e di cui hanno bisogno. Spetta al genitore correggere questi comportamenti nella fase iniziale dando al bambino ciò di cui ha bisogno, ma aiutandolo a capire il tempo e il luogo per i suoi desideri. La responsabilità del genitore è aiutare il proprio figlio a superare le proprie emozioni e agire in modo appropriato in determinate circostanze. Ad esempio, un bambino che vuole caramelle in un negozio e non le riceve può scatenarsi, urlare e fare i capricci. Il compito dei genitori è assicurarsi che il loro comportamento non dia loro le caramelle che volevano e riprovare la prossima volta. I genitori devono stabilire dei confini chiari con i loro figli, il che alla fine consente ai figli di creare i propri confini. Nella preadolescenza e nell'adolescenza, i bambini lottano per scoprire chi sono come individui. È qui che entra in gioco l'indipendenza e la loro natura egocentrica è dominante. Gli adolescenti attraversano una fase ribelle, che essenzialmente definisce chi vogliono diventare. Le pressioni della scuola, i voti, gli amici, i potenziali primi amanti e l'aspettativa di agire in un certo modo giocano tutti un ruolo nell'universo dell'adolescente. Durante queste fasi della loro vita, hanno bisogno di avere una guida adeguata che possa insegnare loro l'autostima, la consapevolezza e la fiducia in se stessi. Imparare a sviluppare questi tratti può aiutarli a proteggersi dalle persone tossiche, costruire il loro intuito e rimanere in contatto con i loro amici e familiari. Il lavoro di un genitore è quello di aiutare a sviluppare questi valori fondamentali nel proprio figlio, offrendo loro scelte e applicando le conseguenze alle loro decisioni. Se un genitore è narcisista, tuttavia, spesso vede il figlio come un'estensione di se stesso. Vedranno il loro bambino non diverso da loro, ma un oggetto che possono plasmare, modificare e controllare. Proprio come nelle relazioni, i genitori useranno i loro figli per rafforzare il proprio ego. I genitori narcisisti possono crescere il loro bambino in due modi: come il bambino d'oro, o in modo indifferente e negligente. Entrambi i modi di genitorialità impostano il bambino fino a diventare essi stessi narcisisti o diventare codipendenti e graditi alle persone. Questo tipo di genitorialità fa sentire un bambino degno solo fintanto che continua a compiacere e stimolare l'ego di qualcun altro. Sono amati solo se il mondo ruota attorno a qualcun altro. I segnali di allarme per cui gli adolescenti potrebbero potenzialmente trasformarsi in narcisisti o sviluppare NPD sono i seguenti:

- La necessità di intimidire gli altri (familiari, fratelli, compagni di scuola, ecc.) Attraverso comportamenti come:

  - sminuente

  - Degradante

  - Minaccioso

  - Manipolatorio

- Avere una natura molto competitiva: si sforzano di vincere qualunque cosa accada

- Esagerare o mentire costantemente per attirare l'attenzione, ad esempio:

  - Mentire sulle loro bugie

  - Incolpa qualcun altro per le sue azioni

  - Non assumersi mai responsabilità

  - Attacca gli altri con le parole o con la violenza se vengono chiamati

- Essere molto egoista ed egocentrico (in particolare se è il bambino d'oro)

- Essere sempre in conflitto con qualcun altro - molto drammatico e altamente sensibile

La personalità narcisistica si sviluppa solo quando un bambino ha ricevuto elogi e riconoscimenti eccessivi non solo per le grandi cose, ma anche per le piccole cose. Non possono capire la differenza tra ciò che è un risultato enorme e ciò che è un piccolo risultato, quindi tutti i loro risultati devono essere ricompensati. Ciò causa il loro comportamento egoistico. Se il loro fratello è un bambino d'oro e sono stati trascurati o sono stati privi di attenzione, potrebbero comportarsi male nel dover competere per l'amore dei loro genitori. Questo è il risultato di dover vincere tutto per sentirsi abbastanza bene. Se il genitore ha dato al figlio tutto ciò che desiderava, indipendentemente dal suo comportamento (nessuna disciplina o struttura), ciò può provocare segni di manipolazione e menzogne per ottenere ciò che vogliono. Se un bambino viene trascurato, farà il prepotente con gli altri per ottenere la soddisfazione di sentirsi meglio o per riempire il vuoto lasciato dalla mancanza di empatia dei genitori. Quando i sentimenti di un bambino sono inascoltati o ignorati, lo sono anche i suoi confini e la sua autostima, il che si traduce in una mancanza di compassione ed empatia per gli altri.

Come puoi vedere, essere cresciuto da un genitore narcisista o negligente non è mai positivo per lo sviluppo di un bambino. Il bambino porterà queste lezioni nell'adolescenza e, se non adeguatamente guidato da qualcun altro, svilupperà il disturbo narcisistico di personalità nell'età adulta.

L'abuso narcisistico è molto comune e spesso passa inosservato a causa dei modi attentamente pianificati in cui un narcisista "aggancia" le sue vittime. Se uno qualsiasi dei segni in questo capitolo sembra familiare o sembra ovvio all'occhio della prospettiva esterna, tu o qualcuno a cui tieni molto probabilmente è in una relazione narcisistica. Tuttavia, prima di continuare con il capitolo due e le molte forme di abuso che un narcisista impiegherà, è una buona idea prendere nota mentalmente che solo perché qualcuno è violento non significa che soffra di NPD. Puoi essere una persona violenta senza avere una vena narcisistica, anche se non c'è mai alcun motivo per un comportamento violento e tutti questi tipi di relazioni dovrebbero avere dei confini precedentemente affermati.

Capitolo 2:

Narcisismo e abuso

La più grande differenza tra qualcuno che è narcisisticamente violento e semplicemente abusivo è che il narcisista non vede mai il suo male. Una persona violenta potrebbe vedere l'errore dei propri modi e fare lo sforzo di provare davvero a migliorare le cose, poiché ha empatia e considerazione per i propri partner. Inoltre, non tratteranno i loro figli come fanno con il coniuge. Dal momento che i narcisisti sono così affascinanti all'inizio, un fattore rimane vero per l'intero processo: i narcisisti iniziano il loro gioco nel momento in cui ti incontrano. Il loro fascino è in realtà nascosto dietro quello che viene chiamato bombardamento d'amore. Quando ti immergi in una nuova relazione, non ti aspetti mai che il tuo nuovo partner sia una persona orribile: pensi che sia genuino e dai sempre una lavagna pulita a qualcuno che incontri per la prima volta. Gli empatici lo fanno perché incontrando qualcuno, cercano di non giudicare la persona per le loro relazioni passate. Tuttavia, per quanto sia buono non giudicare, devi comunque essere cauto all'inizio, per osservare attentamente i segni che qualcuno potrebbe essere veramente tossico. Allora, qual è la differenza tra il vero e il bombardamento d'amore?

La verità sulle relazioni è che tutti litigano e quelle cose che hai trovato carine all'inizio potrebbero irritarti con il passare del tempo. C'è sempre una fase della luna di miele e poi vediamo se riusciamo a prenderla sul serio. La fase dell'impegno serio è quella in cui sorgono i problemi, i confini vengono superati e si verificano i conflitti. È la coppia che supera i tempi bui dando la priorità ai momenti positivi che dureranno nel matrimonio e per sempre felici e contenti. Ma la vita non è una favola, e ci sarà sempre quella (o più) mele marce in cui inciampi prima di incontrare il tuo principe o la tua principessa. Quindi, come afferma la domanda, come puoi sapere se qualcuno ti sta bombardando d'amore o se i suoi sforzi d'amore sono genuini?

1.   Ti amo è detto molto presto

Hai mai avuto l'intenzione di incontrare qualcuno solo per incontrarlo e conoscerlo un po', ma non ci sono impegni dichiarati subito? Poi, con il passare delle prime settimane, ti senti quasi sotto pressione o in colpa perché la persona che stai per conoscere sembra avere entrambi i piedi nel futuro che sta già affrontando insieme a te. Potrebbe dire cose come "se sei la mia persona e stiamo insieme, spero di essere l'unico per te, non vedo nessun altro in questo momento". Tuttavia, ora ti senti in colpa perché questa non era la tua intenzione e ti senti come se dovessi prendere una decisione immediata se vuoi stare con lui o no.

Affascinante come qualcuno che vuole stare con te perché sei così grande, amorevole, genuina e qualunque altra cosa decidano di dirti, al contrario un non narcisista sarà la persona che vuole semlicemente prendersi il suo tempo con te. Una base sana per una relazione implica non andare subito sul personale, non precipitarsi nelle cose e non chiedere o mantenere aspettative all'inizio. Se la persona che stai per conoscere non ti fa pressione o non ha intenzioni preconcette su di te, allora è pronta a impegnarsi con te quando sei pronta.

2.   Il tempo non è essenziale

In ogni nuova, affascinante, affettuosa ed eccitante storia d'amore in erba, potresti sentirti come se volessi trascorrere ogni singolo minuto con questa persona. E' sempre nella tua mente: quando sei lontana da loro, pianifichi quando li vedrai la prossima volta, ti prendi del tempo per loro anche quando non c'è tempo da spendere, ecc. Tuttavia, se hai incontrato un potenziale sano partner, si assicurerà che tu rimanga coinvolta in ciò che è importante per te, come il tuo lavoro, i tuoi figli, la tua famiglia, ecc. Un narcisista potrebbe chiederti o convincerti a prenderti un po' di tempo perché, beh, cinque minuti non è così tanto, e cinque minuti si trasformano in ore. Un narcisista desidera ardentemente la tua attenzione, in particolare il tuo primo stadio di attenzione "innamorata", e ti scuserà per trovare il tempo per loro come il loro modo di manipolarti per far cadere tutto ciò che è importante per lui. Se dici di no, potrebbe dire qualcosa come "beh, ti aspetterò e quando avrai finito, saprai dove trovarmi". Questo ti mette sotto pressione per farlo in modo da non sentirsi in colpa a farti aspettare tutta la notte.

Una persona non narcisista ti concederà il tempo e lo spazio di cui hai bisogno per portare a termine il tuo lavoro, mettere i tuoi figli al primo posto ed essere indipendente nella tua vita, poiché anche loro hanno la loro vita. Quando inizi a dipendere da loro, ti bilanciano mostrandoti l'errore in ciò che potresti fare. Un narcisista ti convincerà che dovrebbe essere insieme ai tuoi amici per lo shopping o le tue cene di famiglia perché vuole incontrare i tuoi cari. Tutto questo avviene entro il primo mese, come se tutto fosse stato fatto avanzare velocemente in modo che possano ottenere la loro correzione il prima possibile.

3.   Accresciuto stress e dramma

Resta un fatto vero, che se qualcuno è un potenziale partner sano, il dramma con cui ha a che fare sarà il suo - non mettono quel fardello sulle tue spalle. Potrebbe parlarti e aprirsi con te, ma ti farà capire chiaramente che è affare suo e che non dovresti preoccuparti. Tuttavia, un partner narcisista potrebbe sciocarti con alcune grandi notizie all'inizio che potresti sentirti obbligato ad affrontare con lui, senza alcuna vera rassicurazione che stia gestendo la situazione, tranne innumerevoli scuse che circondano una notizia drammatica. Questa è una bandiera rossa. Un'altra bandiera rossa potrebbe essere che agisce in un modo con te, ma in un modo completamente diverso al telefono o con qualcun altro. Ad esempio, a un appuntamento a cena, l'ordine delle bevande potrebbe essere sbagliato e quindi provocano una scenata o si scagliano contro il cameriere quando non era nemmeno colpa loro all'inizio. Quindi, ti chiederanno scusa per il loro comportamento poiché "Non so cosa mi è successo" esce dalle loro bocche.

Potresti essere in grado di lasciarlo andare perché sei accecato da come ti senti con lui all'inizio, ma col passare del tempo, questo incidente sarà sempre nella tua mente. Quando lo affronti, giustificherà le sue azioni o negherà la responsabilità, ma si scuserà semplicemente promettendo che non succederà più se ti sconvolge davvero. Un individuo sano confermerà le proprie azioni e affronterà situazioni come l'appuntamento a cena in modo più ragionevole.

4.   Compassione ed empatia: esistono?

L'unica cosa di cui sei responsabile è il suo livello di empatia. Puoi testare questa teoria essendo aperta e vulnerabile con lui su ciò che è successo nel tuo passato o anche di recente e vedere come reagisce. Se cambia argomento parlando delle proprie esperienze, non ha davvero ascoltato i tuoi sentimenti più profondi che ruotano intorno alla tua esperienza, il che mostra una mancanza di compassione per te e per i tuoi sentimenti. Tuttavia, se supera questo test ascoltandoti e comprendendoti, cerca altri segnali su come viene influenzato dalle storie di altri come la tua famiglia o i loro amici.

Essere in grado di dire se qualcuno è sinceramente preoccupato o solo essere educato è un fattore chiave per sapere se qualcuno soffra o meno di NPD. Un narcisista può essere bravo a comportarsi come se gliene importasse poiché questa è la fase del bombardamento dell'amore, ma non appena le cose si calmano e la storia d'amore iniziale svanisce, le sue intenzioni possono essere più evidenti in quanto gli attori non possono tenere il passo con le loro abitudini e schemi iniziali. Una persona sana mostrerà sincera preoccupazione e interesse quando tu o qualcuno che ami sta affrontando un momento difficile. Ti sosterrà e farà tutto il possibile per aiutare te o il tuo familiare a superare questo momento difficile, anche se questo significa che la tua attenzione è lontana da lui per un po'.

Quindi, per non cadere nella trappola dell'amore e del fascino di un narcisista, fai un passo indietro, ascolta la tua intuizione e testa il fattore empatia. Solo allora sarai in grado di avere una prospettiva reale su chi è questo individuo e quali sono i suoi valori fondamentali. Ruba l'attenzione? O condivide i riflettori? E' drammatico quando qualcosa va storto o si comporta bene? Rispetta i tuoi confini, obiettivi, motivazioni e spazio o ti senti affrettata e sotto pressione per poterti immergere nei suoi pensieri? Queste domande possono davvero aiutarti a definire quale percorso scegliere e dove è diretta la tua vita amorosa.

Che tipo di persone prendono di mira i narcisisti?

Sono principalmente gli empatici e i codipendenti che i narcisisti prendono di mira, ma possono anche prendere di mira persone che sono sicure di sé e hanno le loro vite collegate, poiché la loro natura competitiva ama le sfide. La ragione per cui gli empatici e codipendenti, tra gli altri tratti che qualcuno possiede, sono un bersaglio dei narcisisti è perché possono manipolarli e controllarli più facilmente. All'inizio, tutto sembra sole e arcobaleni, come se entrambi foste al settimo cielo. Quindi, alcuni dossi che sembrano dover essere bandiere rosse vengono ignorati a causa dell'alto stato emotivo, fino a quando le scuse che venivano da loro vengono in realtà più da te che altro. Passa più tempo e, per te, ora è più facile fare ammenda piuttosto che litigare, quindi anche se potresti non sapere o comprendere appieno perché sono arrabbiati, è più facile dirgli che ti dispiace.

Dopo che questo schema sembra ripetersi, il narcisista si abitua al fatto che tu sia dispiaciuto e il suo atteggiamento viene scrollato di dosso come se non fosse niente, finché non inizi a interrogarlo esattamente su cosa hai fatto di sbagliato. Non arrivando mai con risposte dirette, si infurierà invece senza una ragione apparente, il che porta a una rottura dopo settimane in cui nulla viene risolto. Potresti pensare che sia la fine, ma chiediti sempre cosa avresti potuto fare diversamente. Alla fine, ti chiama e ti spiega tutto ciò che è andato storto, come provasse di nuovo e quasi ti fa sentire in colpa per essere ancora con lui. Quindi, tornate insieme e in breve tempo iniziano a succedere le stesse cose - ogni volta peggiorano sempre di più, e fino ad ora non hai messo in discussione lui ma voi stessi.

Bam! Sei appena caduto nell'idolatrare, svalutare e scartare la trappola del narcisista. A causa dei tuoi molti tratti premurosi, continui a dare loro il beneficio del dubbio con il pensiero che "lo ho già sottoposto a così tanto". O, "ne ha passate così tante". Anche se il tuo istinto dice di scappare, combatti contro di lui perché non ti rendi effettivamente conto del tipo di relazione in cui ti trovi e quindi continui a cadere per i suoi stessi trucchi e abusi. La verità è che niente di ciò che hai fatto è colpa tua. I narcisisti sono bravi a farti credere che tutto sia colpa tua, o ti fa indovinare le tue argomentazioni in modo da "tornare in te" e vedere i tuoi errori. Eppure, non lo fai mai - invece, ti vengono in mente delle giustificazioni e ti incolpi tirando fuori scuse dal nulla come un modo per accontentarlo e giustificare la tua scelta per tornare da lui, sapendo che è sbagliato. Quindi, chi prendono di mira i narcisisti? Ecco i tratti che un narcisista cercherà, come un modo per proteggere il proprio ego e ottenere soddisfazione dall'individuo attento che sei:

1. Invidiano quello che hai

Hai soldi, potere, autorità o felicità nella tua vita? Sei tu quella che si è guadagnata ciò? Un narcisista sogna solo di avere quello che hai tu, se è una di queste cose. Sente che stando con te, può essere coinvolto sotto i tuoi riflettori e farti mostrare quello che vuole. Con la sua struttura mentale egoista, tuttavia, potrebbe non essere disposto a imparare e alla fine prendersi semplicemente il merito di tutto ciò che hai guadagnato perché lo hai incontrato. All'inizio, il narcisista può sembrare utile e persino genuino; tuttavia, essere coinvolti con lui potrebbe costarti tutto ciò per cui hai lavorato così duramente.

2. Hai una natura materna per aiutare gli altri

Se è nella tua natura aiutare le persone o 'riparare' anime danneggiate, allora sei esattamente ciò che è necessario per l'ego del narcisista, poiché il narcisista risuccherà tutta la tua attenzione e continuerà a darti motivi per fare un passo avanti e aiutarlo, o aggiustarlo per ammirarlo. Allo stesso tempo, la tua intenzione è di fare esattamente questo, ma lentamente e gradualmente, rimarrai senza benzina - e quando lo farai, il narcisista sarà scortese, perché la tua attenzione ora è lontana da lui e concentrata maggiormente su te stesso.

3. Sei profondamente empatico

Più sei vicino ai problemi delle persone, più cercheranno di trarre vantaggio da te e dalla tua attenzione. Più sei in grado di vedere la prospettiva di qualcuno e offrire lui illuminazione, più sei attraente per il narcisista. Potresti sorprenderti nel dire sempre di più "Stavo solo cercando di essere gentile", il che potrebbe essere un esempio del fatto che puoi essere usato più di una volta senza rendertene conto. Essendo un empatico, vedrai sempre il punto di vista di qualcun altro e capirai perché le sue giustificazioni e la sua colpa ha senso per loro. Tuttavia, puoi offrire i tuoi consigli e critiche a qualcuno per aiutarlo, ma se affronti un narcisista, non la prenderà alla leggera e, alla fine, sarai tu quello che soffre della sua rabbia.

4. Hai avuto un'infanzia difficile

Essendo cresciuto in un ambiente tossico che non ti ha insegnato confini solidi, potresti essere incapace di mantenere i confini che cerchi di impostare. Il narcisista lo sa e spingerà i tuoi limiti ogni volta che sorgerà un conflitto. Da un'educazione disfunzionale, potresti persino ignorare i tuoi istinti e continuare a dare a un narcisista il beneficio del dubbio, con innumerevoli possibilità di falsa speranza che possa cambiare o che non intenda fare quello che fa. Se sei qualcuno che lascia andare i tuoi confini nei momenti difficili per compiacere qualcun altro, allora essere violato dal narcisista ed è esattamente ciò che accadrà.

5. Hai un disperato bisogno di affetto

A causa delle tue insicurezze, puoi prendere qualsiasi "amore" e fascino che puoi ottenere per buono, quindi con l'affetto di un narcisista all'inizio, la tua disperazione ti lascerà cieco alle bandiere rosse. Qualcuno con una bassa autostima è più facile da manipolare e abusare di coloro che hanno un livello più alto di fiducia in se stessi. Gli individui con un'elevata autostima sanno di cosa hanno bisogno, cercano relazioni sane e continuano a spingersi per la crescita interna ed esterna. Con il tuo basso senso di autostima, passare del tempo in una relazione con un narcisista può portarti a chiederti cosa sta andando storto. Nei tuoi sforzi per cercare di risolvere i problemi, ti svaluti e ignori, perché è un modo per fare ottenere potere su di te.

6. Non ti piace il conflitto

Il confronto nasce dalla paura o dalla mancanza di fiducia durante una rissa o una discussione. Quindi, a tutti i costi, potresti cercare di evitarlo e potresti sentirti obbligato a scusarti o ignorare la tua voglia di parlare. Potresti avere paura di perdere la relazione o l'affetto che il narcisista ti dà se ti difendi, quindi non dici nulla. Finché continui ad accontentarli, va tutto bene. Ma chiediti, a quale costo? I narcisisti lo sanno subito di qualcuno. Spesso metteranno alla prova le loro teorie con un piccolo scoppio di rabbia diretto a qualcun altro solo per vedere come reagisci: se te ne vai o non dici nulla, hanno vinto.

Cercano persone che si inchineranno a loro, anche quando hanno torto, solo per compiacerli o evitare conflitti.

Il lato positivo di avere questi tratti è che quando li mostri a persone non narcisiste, non sarai dato per scontato. Queste qualità sono qualcosa di cui essere orgogliosa, nel senso che sei una persona che se ne nutre, si prende cura di se stessa ed è empatica. Qualcuno a cui non piace il conflitto non reagirà male quando le cose vanno terribilmente male; possono invece osservare e acquisire conoscenza. Qualcuno che è "disperato" per amore porta il cuore in mano, il che non è necessariamente un male. Il primo passo è identificare un narcisista e usare le tue qualità per aiutare le persone che non si approfitteranno di te. Parte di questo processo implica innanzitutto l'apprendimento della fiducia e la costruzione della tua autostima in modo che i tuoi limiti e valori fondamentali possano rimanere al loro posto.

Perché empatici e narcisisti si attraggono a vicenda

Mentre gli empatici hanno molta compassione ed "empatia" per le persone, il narcisista vede questa persona come un oggetto di ammirazione e una piattaforma per l'adorazione. Anche se questo può sembrare un abbinamento fatto in teoria, il problema è che l'empatico continuerà a perdonare e giustificare l'abuso mentre il narcisista continua a degradarlo e intimidirlo. Gli empatici attirano i narcisisti perché diventano utili ai loro desideri e bisogni. I narcisisti attirano gli empatici perché sono spugne emotive che sono molto facilmente sensibili ai sentimenti degli altri. Quindi, un empatico sarà in grado di dispiacersi per il narcisista, perché sente le sue emozioni più profonde e nascoste dall'abbandono o dall'abuso che ha sperimentato quando era giovane. In questo senso, l'empatico cercherà sempre di aggiustare o aiutare il narcisista; tuttavia, lo fa alimentando le sue emozioni e cedendo ai suoi capricci, che è una ricetta per il disastro.

Quando un narcisista viene coinvolto con un empatico, tutto ciò che vede è qualcuno che li sosterrà indipendentemente da quello che fanno. Vedono qualcuno che dedicherà il suo tempo, pazienza, energia e tutto il suo essere per accontentarli. Ciò che l'empatico vede in un narcisista è la falsa immagine che sostiene all'inizio della relazione. Un empatico vuole dare amore e accettazione tanto quanto vuole ricevere amore e accettazione. Quindi, rimane con un narcisista a causa dell'idea di chi erano all'inizio, il che fa credere all'empatico di poter riportare indietro questa persona. Tuttavia, non riesce a rendersi conto che un narcisista non è mai stato quella persona - questo è solo quello che mostrano all'inizio e in piccoli pezzi durante la relazione. Questa falsa immagine può assumere molte forme, che vanno dall'essere molto attraente, al dolce e innocente, al dimostrare una buona morale. Questa immagine che il narcisista ritrae è tutta una bugia basata sul tentativo di agganciare l'empatia della vittima. I narcisisti sono buoni bugiardi, tuttavia, sono buoni solo per il tempo fino a quando le loro vere identità iniziano a emergere. A questo punto, però, la loro vittima è già agganciata e si rinizia.

I narcisisti cercano qualsiasi opportunità per causare il caos. In questo senso, sanno che un empatico giustificherà il loro abuso con o accetterà di voler sostenere il proprio coniuge nei momenti difficili. Finché il narcisista continua a dire all'empatico che stanno cercando di cambiare e stanno facendo del loro meglio, l'empatico cadrà sempre nella sua manipolazione. Tutto ciò che il narcisista sta facendo è ottenere più attenzione, e invece di cercare attenzione dal mondo esterno, ha il partner empatico che lo fa per lui. Per mantenere la relazione in corso, il narcisista si scuserà e mostrerà la sua natura un tempo affascinante all'empatico, alimentandolo con false speranze che se sono promettenti, in cui la crescita e una relazione sana arriveranno. Tuttavia, il narcisista si sente già come se la loro relazione sia sana perché l'empatico sta facendo tutto il lavoro, mentre il narcisista deve solo inserire un piccolo assaggio di speranza qua e là.

Mentre questo modello continua, si forma un legame traumatico. Ciò significa che non importa quanto duramente l'empatico voglia andarsene, non può. L'empatico inizia a sentire come se nel caso se ne andasse, il suo mondo sarebbe messo sottosopra. Chi dovrà aiutare? Chi lo accompagnerà quando avrà bisogno di intimità? E se fosse pericoloso andarsene adesso? Cosa farà il narcisista? Tutte queste domande lo aiutano a rimanere nella relazione violenta molto più a lungo di quanto dovrebbe. L'empatico vedrà la relazione andare in pezzi e, attraverso i suoi migliori sforzi nel tempo per aiutare il narcisista, inizierà a guardarsi internamente. Inizierà a mettere in discussione le sue convinzioni, le sue strategie, la sua comunicazione - praticamente tutto, nel disperato tentativo di mantenere felice il narcisista.

I metodi abusivi di un narcisista

I modelli di abuso che un narcisista rappresenterà stanno nella fase di idealizzazione, quindi la fase di svalutazione o calante e, infine, la fase di scarto. Il narcisista lo fa perché è in costante competizione con se stesso e le sue insicurezze, insieme agli altri e alla loro attenzione.

Idealizzare

Questo è ciò che accade nelle primissime fasi della relazione, dove il narcisista assumerà un fascino eccessivo e farà tutto il necessario per attirare le sue vittime. Saranno gentili, generosi, agiranno persino come se ti ascoltassero in modo efficace con strategie di comunicazione. In questa prima fase del processo, ti ritraggono questa immagine del loro essere perfetti: ecco così tutto ciò che avevi immaginato sarebbe stato un rapporto sano. Inoltre, subito dopo una discussione, spruzzeranno piccoli accenni di fascino e generosità per riportarti indietro nonostante i loro modi offensivi.

Svalutare

Un narcisista maligno può cambiare durante la notte o in un batter d'occhio, mentre un narcisista classico o vulnerabile cambierà nel tempo. I veri colori del narcisista iniziano a farsi avanti nel senso che sono individui insicuri e vulnerabili. Nei loro tentativi di evitare di farti vedere le loro debolezze, causeranno il caos o creeranno conflitti per allontanarti. Tutto ciò che ti hanno detto durante la fase della luna di miele viene prefigurato da scuse come "L'ho detto perché non ti conoscevo in quel momento". Usano colpi continui al tuo ego per abbatterti in modo da non poterli sopraffare con la tua crescita personale - o qualsiasi crescita, se è per questo.

Scartare

Questa è la fase in cui finisce la relazione. Di solito, la relazione finisce perché il partner del narcisista ha avuto abbastanza abusi e incertezze. Oppure può finire perché il narcisista non ha più bisogno di te. Potrebbe aver trovato qualcun altro. Tuttavia, se fossi tu a concludere le cose con lui, puoi aspettarti che non sia ancora finita. Non accetteranno la colpa né si assumeranno alcuna responsabilità fino a quando non avranno un disperato bisogno di riconquistarti. In questo caso, mentiranno e si riprenderanno tutto ciò che hanno fatto per riconquistarti. Diventeranno il coniuge perfetto di cui avevi bisogno che fossero. Ma una volta che hanno avuto successo, i loro schemi ricominceranno ancora una volta.

Durante la fase di svalutazione della relazione, i narcisisti ti abuseranno in molti modi, tra cui:

- Vergogna / senso di colpa

- Isolamento / ignoranza

- Mistificazione

- Proiezione

- Manipolazione

- Sfruttare

Diamo un'occhiata più da vicino a cosa sono questi metodi offensivi.

Vergogna

La vergogna non è la stessa cosa del senso di colpa nel senso che il senso di colpa può motivare qualcuno a cambiare, fare di meglio e scusarsi sinceramente per qualcosa che sente di aver effettivamente fatto male. Provare vergogna, tuttavia, è il trucco del narcisista per farti provare un senso di colpa per qualcosa di cui non hai idea. La vergogna è la loro strategia per quando vogliono che ti dispiaccia per quello che sei, non per quello che hai fatto. La vergogna divora la nostra autostima e ci fa mettere in discussione tutto il nostro essere.

Isolamento

Isolamento, per definizione, significa essere separati o essere portati via da qualcosa. Un narcisista userà l'isolamento come un modo per allontanarti dai tuoi amici e dalla tua famiglia. Una volta che sei separato da loro, puoi dipendere solo dal narcisista per tutto il tuo supporto e le tue esigenze. Isolandoti, ti hanno sotto il loro pieno controllo e potere. Potrebbero permetterti di chiamare i tuoi amici e la tua famiglia, ma potrebbero essere turbati quando passi tutto il tuo tempo a parlare con loro, il che distoglie la tua attenzione da loro.

Mistificazione

Mistificare qualcuno vuol dire manipolarlo facendolo credere a quello che gli dici, fino a quando non inizia a mettere in discussione se stesso e la propria identità. Un narcisista ti illuminerà negando di aver fatto o detto qualcosa per farti dubitare, se l'hai immaginato. Ti chiederà delle prove, ma se provi a fare lo stesso con lui, ha sempre una scusa o forse ha già registrato le tue argomentazioni per dimostrarti che hai torto.

Quando ciò accade, inizi a sentirti come se stessi impazzendo o peggiorando. Una volta che ti hanno portato in questo stato, potrebbero anche fare un ulteriore passo avanti e convincerti che hai bisogno di cercare aiuto e terapia, ma se rimani dipendente da loro, saranno in grado di aiutarti a uscire dalla tua stanchezza mentale.

Proiezione

La proiezione è una forma di abuso in cui ti incolpano per i loro difetti personali. Ad esempio, potrebbero dire "Non mi piace come cucini" quando la loro cucina è effettivamente ciò che odiano. Non possono accettare alcun fallimento o insicurezza da soli, e quindi per rafforzare il proprio ego e mantenere la loro immagine superiore, metteranno in evidenza i propri difetti in te in modo che tu cercherai di risolverli. In un certo senso, è così che ti usano come un burattino per portare a termine il loro lavoro sporco. Con un passo avanti, potrebbero persino convincerti che non ti piace qualcosa in qualcun altro come un modo per farti il lavaggio del cervello contro uno dei tuoi amici più cari. Questa è un'altra tecnica di isolamento combinata con la proiezione.

Manipolazione

Per definizione, manipolare significa ottenere ciò che desideri creando un'atmosfera falsa per la tua vittima attraverso un modo abile. Un narcisista di solito è un maestro della manipolazione, che include distorcere la tua realtà, farti credere a cose che normalmente non crederesti e farti vedere la sua prospettiva anche quando non ha molto senso.

Sfruttamento

Per sfruttamento si intende l'atto di utilizzare un oggetto (o una persona) per ottenere successo o beneficio personale. Questa definizione di per sé è semplice in ciò che un narcisista farà per ottenere ciò che vuole e ottenere potere sulle proprie vittime. Possono sfruttare le tue debolezze in modo che tu ti tiri indietro da qualcosa che vogliono. Possono anche usare lo sfruttamento di qualcuno come un modo per inquadrarlo in modo che la figura autorevole lo veda meglio. Possono persino sfruttare i tuoi punti di forza e farti vedere come punti debole in modo da non guadagnare nulla. Piuttosto, rimarrai nel buco in cui ti hanno messo.

I narcisisti usano molte altre tattiche abusive, come le tecniche di attrazione per risucchiarti dopo una rottura. Anche se tendono a isolarti, si avvicinano alle persone che ti erano vicine in modo che non sembrino il cattivo. Attraverso le loro magistrali tattiche di manipolazione, possono tramare, pianificare e divertirsi guardandoti inchinarti, sudare e soffrire. Finché ottengono ciò che vogliono da te e da tutto ciò che li circonda, hanno il controllo. E finché avranno il controllo, avranno sempre potere sulle loro vittime.

Infine, una volta che avranno acquisito potere su di te, continueranno a farti soffrire. Il tuo obiettivo è riprendere il tuo potere e il tuo controllo in modo che non possano più abusare di te e farti sentire meno di quello che sei veramente.

Capitolo 3:

Co-genitorialità con un narcisista

H ai già imparato ormai che entrare in una relazione con un narcisista è abbastanza facile, nonostante i suoi comportamenti abusivi. Quindi, per tenerti coinvolto con lui, un po' di affetto qua e là può intrappolarti. È particolarmente facile per qualcuno che è empatico rimanere bloccato nella relazione a causa del suo bisogno di aiutare, correggere e giustificare comportamenti offensivi. Una relazione sana significa che non ti incolpi a vicenda, non mettere i bambini contro l'altro genitore e rispettare la privacy e i confini reciproci, tutto ciò il narcisista non lo segue, a causa del suo disturbo di personalità. Si scaglia contro ogni segno di critica, ti minaccia se non sa quali sono i tuoi punti deboli e ti spaventa a lasciarli attraverso il ricatto. Una sana relazione co-genitore è quella che stabilisce una routine strutturale per i propri figli, lavora insieme per le relazione e si sostiene a vicenda nonostante le differenze di compatibilità. Un narcisista può gestire il suo abuso in modi diversi, a seconda della situazione.

Se un narcisista ha il bambino nelle sue cure, potrebbe riempire la testa di tuo figlio con bugie su di te, facendoti sembrare il cattivo. Questo si chiama proiettare i propri pensieri, sentimenti e comportamenti su di te negli occhi del bambino, in modo che se il bambino avesse mai avuto la possibilità di venire a vivere con te, non avrebbe preso quella decisione. Può manipolare e sfruttare il bambino, poiché il suo obiettivo è far sì che il bambino lo veda come un genitore migliore con cui vivere e ti ingannerà a tutti i costi. Ad esempio, se era il tuo giorno per portare tuo figlio o tua figlia, potrebbe dirti che tuo figlio è malato e non vuole andare da nessuna parte. Nel frattempo, il bambino sta completamente bene e crede che tu non sia disponibile a prenderli quel giorno. Questo è uno sporco trucco in cui il narcisista teme che il loro bambino si divertirà meglio con te o che tu riempirai le loro teste di bugie su di loro, così diventando l'intermediario per fermarlo. Se, tuttavia, hai tuo figlio nelle tue cure, il narcisista potrebbe fare visite casuali chiedendo di vederlo. Potrebbe presentarsi alla scuola dei tuoi figli e dire all'insegnante che li sta andando a prendere per allarmarti quando scopri che tuo figlio non è lì. Il narcisista può minacciare che se non dai lui i tuoi figli per le cure primarie, ti complicherà la vita e causerà una scena in tribunale come un modo per ricattarti.

Tra questi inganni molto crudeli e deludenti e giochi offensivi, le intenzioni del narcisista per la co-genitorialità sono solo di abbatterti perché il tuo rapporto con loro non ha funzionato. Sono gelosi, arrabbiati e orgogliosi, perché non ricevono più da te l'attenzione che una volta avevi per loro. Entrambi non siete più felici per quella che molto probabilmente è stata una rottura disordinata e ora il narcisista vuole il pieno controllo. È bene prendere mentalmente nota del fatto che quando un narcisista condivide un bambino con te, la sua intenzione di avere il bambino a suo carico non è per sentirsi avvantaggiato e basta. È a beneficio di se stesso, poiché non riceve più l'ammirazione che sente di meritare e la vuole da tuo figlio. Inoltre, è per punirti o vendicarti per aver posto fine alla relazione, anche è stato lui a porla alla fine. Con un narcisista non puoi mai vincere, se hai ancora dubbi. Può essere difficile combattere il narcisista, ma contro tutto ciò che accade nel processo, devi concentrarti su tuo figlio. Considera tuo figlio e tua figlia sopra ogni altra cosa e individua davvero ciò che è nel loro migliore interesse. Se cedi ai giochi mentali del narcisista e cerchi di scagliarti contro di lui, alimenterà la sua rabbia e peggiorerà le cose non solo per te, ma per tuo figlio. Per ogni bambino è difficile riconoscere che i suoi genitori si sono separati - essenzialmente, si tratta di imparare a crescere in una famiglia "distrutta". Potrebbe sentire la pressione di dover scegliere tra te o l'altro genitore. I bambini non sono in grado di gestire tali sconvolgimenti emotivi tra i genitori e potrebbero ribellarsi o prendere posizione solo per mantenere la pace.

Quindi, come fai a essere co-genitore con un narcisista? La cosa principale è mantenere la calma in ogni situazione. Non alimentare le sue minacce o i contraccolpi. Accetta i suoi insulti con le pinze e non mentire mai ai tuoi figli o parlare male con lui del tuo ex. Poiché "nessun contatto" potrebbe non essere possibile, mantieni il contatto solo con i tuoi figli. Rendi chiari i tuoi confini: se ti parlerà di qualcos'altro, riporterai la conversazione al bambino. Inoltre, chiarisci chiaramente che se usa tuo figlio per sollevare una conversazione con te su qualsiasi altra cosa, te ne andrai, riattaccerai il telefono o farai ciò che devi fare per mantenere la calma. Ci sono due cose che puoi fare per essere co-genitore con successo con un narcisista in un momento di frustrazione.

Documenta tutte le conversazioni cercando di mantenere una quantità minima di interazione. Scarica un'app genitoriale in cui tutto è organizzato e "professionale" e dove tutte le conversazioni passano attraverso questa app. Ciò consente a entrambi di concentrarsi su tuo figlio, nonché di avere un record condiviso di tutte le comunicazioni, le date, le visite, ecc. Se questo non è disponibile o il narcisista non vuole collaborare in questo modo, crea un pianificatore o diario in cui puoi tenere i tuoi appunti. In questo modo, puoi avere informazioni e dati registrati nel caso in cui le cose si intensifichino fino a dover andare in tribunale per combattere per i tuoi figli. Tutte le conversazioni devono essere professionali, dirette e, se inizia a portare a una discussione, hai il potere di porvi fine. Se non ti fidi di te stesso per mantenere il controllo, chiedi a qualcuno di cui ti fidi di essere il mediatore e disinnescare una situazione o calmarti, se necessario.

Crea un piano genitoriale organizzato. Nel momento in cui chiami ufficialmente la tua partnership, assicurati di impostare un piano genitoriale. È meglio avere un avvocato o un mediatore presente per aiutare con questo processo. Un narcisista ti abuserà raramente quando qualcun altro è in giro, a meno che non sia maligno. Assicurati che il piano genitoriale sia molto specifico, poiché un narcisista cercherà eventuali scappatoie per intrappolarti e illuminarti su ciò che è stato concordato. Annota in quali giorni (non nei fine settimana) ciascun genitore avrà il proprio figlio, chi avrà l'assistenza primaria e cosa dovrebbe accadere durante le vacanze. Spiega come verrà gestito il trasporto, dove e con chi comunicare in caso di emergenza, ecc. Se hai un piano genitoriale organizzato, aiuterà a ridurre al minimo la conversazione tra te e il narcisista, poiché entrambi conoscerete il piano.

"E se perdo il controllo?" Molti co-genitori hanno questa paura quando terminano la loro relazione con un narcisista. Siamo tutti umani, ed è l'obiettivo del narcisista farti andare fuori di

testa in modo che possa usare ciò contro di te in ogni modo possibile. Mantenere il controllo è un must, quindi ecco alcune idee su come mantenere la calma.

- **Sei responsabile di te stessa** – Accetta ciò che non può essere cambiato e vai avanti. Durante la relazione, il controllo e il senso di identità personale potrebbero esserti stati portati via; tuttavia, renditi conto che controlli le tue azioni. Hai sempre avuto questa capacità e la avrai sempre. Non importa cosa fa, dice, come reagisce o pensa, perché non sta a te o al modo in cui credi che le cose siano. Detto questo, lascia andare ciò che il genitore narcisista fa con tuo figlio poiché avrai le tue regole e la tua struttura. Più ti impegni con tutto ciò che stanno facendo di sbagliato per tuo figlio, più nutri il desiderio del narcisista di farti dispetto. Ad esempio, anche se metti a letto tuo figlio alle otto di sera, potrebbe scegliere di metterlo a letto alle dieci o lasciarlo sveglio tutta la notte. Metti da parte le tue convinzioni su ciò che dovrebbe fare e fai del tuo meglio per mantenere un ambiente sano per i tuoi figli.

- **Sii un buon modello di comportamento** – Dovresti modellare tutte le cose che desideri che tuo figlio ottenga e mantenga come individuo sano e indipendente. Sii empatico, gentile, compassionevole, comprensivo, solidale, indulgente, ecc. Qualunque emozione o comportamento tuo figlio non imparerà dal genitore narcisista, rendilo evidente nel tuo tempo con i tuoi piccoli. Dai loro guida, struttura, disciplina e protezione nei tuoi tentativi di farli crescere in esseri umani decenti. Mostra a tuo figlio che va bene amare te stesso e allo stesso tempo provare compassione e amore per qualcun altro. Insegna loro cosa significa avere empatia per qualcuno, mentre essere assertivi è anche un loro diritto.

- **Avere una comunità che ti sostenga**– Tutte le cose difficili sono più facili a dirsi che a farsi. Puoi leggere molti libri e articoli o guardare video su come essere co-genitore con un ex narcisista, ma la realtà è che non saprai ufficialmente cosa stai facendo, come lo gestirai o cosa succederà finché non sarai in ginocchio -nel profondo della situazione. La lotta è sta nel fatto che il narcisista proverà di tutto, dal manipolarti a sentirti in colpa per essere un genitore, convincerti che è il genitore migliore, o anche provare a riconquistarti per portarti di nuovo dalla sua parte. Ogni situazione di co-genitorialità narcisistica è diversa. Dato che un narcisista è fuori solo per se stesso, non è ferito dalla rottura: vuole solo sminuirti, trascinarti verso il basso e farti mettere in discussione tutte le tue capacità genitoriali o personali, per gestire questa situazione. A lui non importa come influisce su tuo figlio, solo sapere che stai soffrendo lo fa sentire unito e in pace con se stesso. Più mostri tristezza, debolezza o nutri questo comportamento, più permetti loro di riguadagnare il potere su di te. Avendo una comunità forte e solidale dietro di te, puoi ottenere la guida e il feedback positivo o le critiche di cui hai bisogno per fare sempre del tuo meglio. Questa comunità di persone può includere i tuoi amici stretti e fidati, i membri della famiglia e terapisti.

La cosa più importante quando si parla di co-genitorialità con un narcisista è lasciare andare ciò che dicono e fanno e concentrarsi su te stesso e su tuo figlio. Fondamentalmente, agisci come se non li avessi nella tua vita o in quella di tuo figlio. Forse è più facile convincerti che i tuoi figli stanno andando a far visita ai nonni. Non fingere la tua realtà, ma affronta solo lo stress che si manifesta nella tua vita personale, non lo stress con cui il narcisista cerca di farti soffrire.

Come dare la migliore guida a tuo figlio

In questo capitolo fino ad ora, hai imparato che prendere le cose sul personale e perdere il controllo alimenta solo il comportamento del tuo ex narcisistico. Hai imparato che continuera a fare cose per farti dispetto, manipolare te o i tuoi figli e ha sempre a cuore i suoi migliori interessi, non quelli di tuo figlio. Limitando i contatti, impostando le linee guida dei genitori, fornendo una struttura per te stesso, modellando una comunicazione sana e ignorando i tentativi del narcisista di abusare di te, puoi concentrarti maggiormente su tuo figlio. In questa situazione di co-genitorialità, lo sviluppo di tuo figlio è di fondamentale importanza. La prima cosa che devi fare per tuo figlio è promuovere qualità sane che includono:

1. Incoraggiare l'individualità

I bambini sono influenzati da tutto e da tutti nel loro mondo. Un narcisista farà credere loro che devono accontentare tutti o "inchinarsi" ai loro coetanei per sentirsi amati o apprezzati. Il figlio di un narcisista non è un individuo, ma un riflesso di loro. Tu, essendo un genitore non narcisista, puoi contrastare queste abitudini aiutando tuo figlio a rendersi conto di essere la sua persona. Poiché a tutti i bambini piace seguire l'esempio dei genitori, assicurati di modellare manierismi positivi per aiutarli a capire la differenza tra comportamento scortese e gentilezza. Cerca opportunità per tuo figlio di crescere in modo indipendente come:

- Fornire attività creative

- Chiedendo loro a quale sport o campo estivo vorrebbero partecipare

- Annotare i propri pensieri e sentimenti

- Permettendogli di scegliere i propri vestiti e giocattoli

2. Incoraggiare l'autostima

L'autostima si costruisce attraverso l'amore e il riconoscimento incondizionati. Costruisci un rinforzo positivo attraverso le pietre miliari che tuo figlio realizza nella sua vita. Lodali quando è necessario, non quando fanno qualcosa per ottenere il tuo affetto. I narcisisti hanno un'immagine alta e egocentrica e quindi il loro amore sarà sempre e solo condizionato fintanto che tuo figlio serve loro e i loro bisogni. Altri modi per contrastare questo problema sono:

- Di' a tuo figlio che è intelligente o bravo (quando è bravo) per ricordargli che ha delle buone caratteristiche.

- Lodateli per cose come fare il vasino da soli, vincere il terzo posto alla fiera o mostrare un buon comportamento con i loro amici.

- Fai attenzione a ciò che dici loro, ad es. - "sei così fantastico ai miei occhi" piuttosto che "sei la persona più fantastica del mondo intero".

3. Aiuta a costruire la fiducia in se stessi

I narcisisti negano ai loro figli la fiducia in loro stessi e li lodano solo per il loro valore nei loro confronti. In poche parole, dicono ai loro figli che sono degni e accettati solo SE si comportano in questo modo o pensano in quel modo. Tuo figlio riceve sempre nuove informazioni e sviluppa abilità, quindi, per aumentare la sua autostima, ricompensalo dicendo cose come "wow, sei davvero bravo in questo, fammelo vedere di nuovo". O "alcune cose richiedono pratica, perché non ci riproviamo?" In questo modo, permetti a tuo figlio di capire quali sono i suoi punti di forza e di debolezza, il che incoraggia l'indipendenza e insegna loro a sviluppare la fiducia nelle cose che possono fare mentre lascia andare il perfezionamento di ciò che non possono fare. Prova questo:

- Iscrivi tuo figlio a una squadra sportiva

- Incoraggialo a provare cose nuove

- Spiega che avere paura è il modo in cui il corpo reagisce al cambiamento e che il cambiamento è una buona cosa

4. Consenti agli errori di essere opportunità

Un genitore narcisista si assicurerà che il proprio figlio si sforzi di essere il migliore e lo ricompenserà solo quando sarà il migliore. Questo promuove il perfezionismo e provoca scoppi d'ira quando tuo figlio non può impressionare. Insegna a tuo figlio:

- Gli errori possono verificarsi, ma sono necessari per diventare individui felici.

- Fai un errore di proposito davanti a tuo figlio e non renderlo un grosso problema. Per esempio. - dipingere insieme e colorare "accidentalmente" fuori dalle linee. Dì oops e ridici su.

- Sfidali a cose che non gli piace fare o che non sono bravi a fare, quindi applaudi i loro sforzi e dì "buon lavoro per provare".

- Non esagerare i loro risultati, poiché concentrarsi troppo su questo può esercitare pressioni su di loro, incoraggiando un comportamento perfezionista.

5. Crea influenze e ambienti positivi per tuo figlio

Creare un ambiente stabile per tuo figlio, in cui si sentirà protetto, sicuro e fiducioso, manterrà la sua mente a suo agio durante il passaggio tra i genitori. Per quanto sia difficile per te essere co-genitore con il tuo ex, è ancora più difficile per i tuoi figli adattarsi a tale cambiamento. Nella sezione precedente di questo capitolo, hai imparato che costruire una comunità di supporto può aiutarti in questa difficile transizione. Questo può anche aiutare tuo figlio a stabilire connessioni positive e imparare dagli altri, non solo da te.

È meglio ricordare che non sei perfetto: sei solo umano e tu, come genitore, commetterai degli errori. Questi errori possono essere che ti scateni con rabbia di fronte a tuo figlio (non verso di lui), chiami il tuo ex per sbaglio quando parli con gli amici, o crolli sotto tutte le pressioni. In effetti, questi errori sono necessari affinché anche tuo figlio possa vedere che non sei perfetto. Vedrà che va bene fare errori, a patto che si possa provare a risolverli o ad andare avanti. In tutti i tuoi migliori sforzi come genitore non narcisista per sviluppare tratti positivi in tuo figlio, potresti non essere in grado di fermare i tratti narcisistici che potrebbero già essere sviluppati lui.

Quindi, il secondo passo è contrastare i tratti narcisistici di tuo figlio. Puoi farlo:

1. Insegnando a tuo figlio l'empatia

Come accennato in precedenza, tutti i bambini e gli adolescenti sono individui egoisti, poiché questo fa parte del loro sviluppo verso l'indipendenza e l'individualità. Tuttavia, non diventa un problema a meno che non ci siano rimorsi o sentimenti dietro le loro azioni. Puoi insegnare loro l'empatia:

- Ricorda sempre loro che anche le altre persone hanno dei sentimenti.

- Quando leggi o guardi la TV, chiedi a tuo figlio come pensa che si senta la persona che guarda.

- Quando tuo figlio fa qualcosa di buono o cattivo a qualcun altro, chiedigli come si sentirebbe se gli fosse stato fatto a lui. Questo li aiuterà a realizzare i sentimenti dell'altra persona.

2. Spiegando l'importanza degli amici e della famiglia

I narcisisti sono solitamente soli e protetti. Raramente hanno amici che vengono a casa e raramente lasciano che i loro figli abbiano appuntamenti per giocare. Questo perché i narcisisti diventano invidiosi delle relazioni dei loro figli quando non ne hanno. Per un narcisista, gli amici e gli estranei sono persone da usare, poiché non rimarranno a lungo termine. I bambini possono riprendere questi schemi e usare i loro amici allo stesso modo attraverso la manipolazione o lo sfruttamento. Per contrastare questo:

- Ispira tuo figlio a creare relazioni su legami sani.

- Intera in maniera sana il modello di ruolo.

- Organizza incontri e invita gli amici per tuo figlio mentre modella risate e momenti divertenti.

- Dimostrare lealtà, condivisione e capacità di comunicazione efficaci.

3. Disciplina e spiega le tattiche di manipolazione usate da tuo figlio

Ogni bambino spingerà limiti e confini come un modo per vedere cosa può e non può fare per farla franca. È qui che entrano in gioco il rinforzo positivo e la disciplina. Basta cogliere i loro atti dannosi, metterli da parte e spiegare guardando negli occhi quanto sia malsano questo tipo di comunicazione. Spiega loro un modo migliore per gestire la situazione e ignora o trascura i capricci negativi. Quando ti alimenti in positivo, sviluppi atteggiamenti positivi. Quando presti attenzione alla rabbia e alla negatività, permetti loro di continuare perché anche attraverso gli attacchi sibilanti, stanno comunque ottenendo una reazione da te.

- Se tuo figlio cerca di manipolare il suo amico dicendo "se non fai xxx, non lo farò xxx", cogli il suo comportamento e digli che tenere qualcosa sopra la testa di qualcun altro è inappropriato e non sarà tollerato. Fagli sapere che non possono controllare qualcun altro, ma possono fare le loro cose se il loro amico sta giocando bene.

- Sii un modello importante per loro, poichè più gentile sei, più vantaggiosi saranno i premi che otterrai.

- Spiega loro che attraverso una comunicazione efficace ed essendo educato, è più probabile che le persone vorranno aiutarti piuttosto che se temerti.

- Ogni volta che fanno qualcosa di positivo alle loro condizioni, successivamente, prendili da parte e digli quanto sei orgoglioso di loro per aver gestito la situazione come hanno fatto loro.

4. Parlare con un professionista

La genitorialità non viene fornita con un manuale. Potresti sentirti come se non stessi facendo nulla di giusto, poiché molto probabilmente commetterai i tuoi errori. Nonostante i tuoi migliori sforzi, tuo figlio potrebbe continuare a fare il prepotente, manipolare, sfruttare e sviluppare tratti narcisistici. Potresti parlare con un consulente per ottenere ulteriori consigli o chiedere consiglio a un operatore di sviluppo infantile su come correggere questi schemi.

Anche attraverso tutto ciò, non saprai in quale "mondo" stai entrando a meno che tu non sia stato lì, lo stai attraversando o lo hai superato. La cosa migliore da fare è mantenere una mentalità sana, fare attenzione ai migliori interessi di tuo figlio e non cedere agli insulti del tuo partner narcisistico. Dato che può essere abbastanza difficile per un bambino vivere in questo tipo di ambiente condiviso, non preoccuparti troppo di chi sarà, concentrati maggiormente sul fatto che puoi fare solo la tua parte come genitore. Se tuo figlio torna a casa senza bagno, capriccioso o bisognoso, aggiusta ciò che puoi, prestagli attenzione e continua la tua struttura. Ricorda a tuo figlio che a casa tua ci sono determinati limiti e regole da seguire e il comportamento che ha con l'altro genitore è diverso. Nel tempo, inizieranno a distinguere tra le due famiglie e sapranno come possono cavarsela e dove.

Capitolo 4:

Finire una relazione con un narcisista

C he tu sia un empatico, una persona non empatica, co-genitoriale o semplicemente capire che il tuo coniuge da molti anni è un narcisista, tutte le relazioni narcisistiche sono difficili da porre fine. A causa dell'idolatria, della svalutazione, e scartando i modelli che hai imparato, per un empatico può essere difficile lasciare andare i narcisisti, perché ci sarà sempre la convinzione che cambieranno. Altri potrebbero impiegare un po' di tempo per capire se lasciare il narcisista è la cosa giusta da fare mentre tramano, pianificano e immaginano la vita senza il loro coniuge. Per coloro che hanno figli con il coniuge narcisista, può essere estremamente difficile, perché i bambini sono coinvolti. Tutte le rotture sono impegnative, non solo quelle narcisistiche, ma questa potrebbe essere la più grande montagna russa della tua vita. Durante tutto il processo, mentre stai terminando la tua relazione con il narcisista, potresti provare sentimenti di ritorno e una tristezza travolgente. Potrebbero esserci emozioni contrastanti e sentirti sollevata, ma col passare del tempo, la tua mente inizierà a vagare verso i bei tempi. In ogni circostanza in cui un individuo sperimenta la fine di una relazione, si sentirà triste, arrabbiato e potrebbe rifiutare il tutto. Questi sono i tempi più vulnerabili, in cui il bere o le droghe possono ridurre il dolore. Tuttavia, queste sono abitudini malsane e, invece, potresti usare il tuo tempo per lavorare su te stesso e superare il tuo passato violento imparando a conoscere il narcisismo e le molte strade per il recupero. Quindi, come ci si sente esattamente quando finisce una relazione narcisistica?

1. Ossessionato

Durante la tua relazione narcisistica, potresti aver passato molto tempo a cercare di analizzare il suo comportamento. Potresti esserti persa nei pensieri, ripassando ogni dettaglio del tuo ultimo argomento, cosa lo ha portato e perché alla fine non c'era una soluzione. Nella relazione, eri ossessionata dai tuoi problemi e, una volta che il legame narcisistico finisce, potresti ancora trovarti ossessionata dal motivo per cui è finita e da come è andata così male. Questa è un'abitudine che hai formato nella tua mente e per romperla, devi essere consapevole dell'ossessione e concentrarti sul cambiare o distrarre la tua mente da essa. Dopo aver eseguito questa operazione numerose volte, l'eccessiva analisi dovrebbe interrompersi.

2. Razionalizzare

Razionalizzare o giustificare ogni comportamento del tuo ex può far impazzire qualcuno. Forse hai trovato delle scuse per lui o ti sei presa la responsabilità di spiegare perché hanno fatto quello che hanno fatto. In questo modo, hai creato uno schema in cui stai minimizzando gli abusi, dando lui più motivi per mentire e camminando sui gusci d'uovo intorno alla sua natura egoistica. Quando ti rendi conto che è davvero finita, inizierai di nuovo a razionalizzare poiché questo è il primo passo verso la guarigione - la fase di negazione. La prima cosa che devi fare per sconfiggere questa abitudine è interrompere ogni contatto con il narcisista, qualunque cosa accada. Se hai un bambino con lui, fai riferimento all'ultimo capitolo.

3. Ansia

La cosa divertente dell'ansia è che una volta che sei su di giri, devi ridurla per sentirti meglio. Per quanto questo suoni come buon senso, in realtà è abbastanza difficile da fare. Più stress e tensione si trattengono nella mente e nel corpo, più l'ansia prenderà il sopravvento e inizierà a controllarti. Oltre al ciclo di ansia in cui il narcisista ti ha tenuto, ora hai una nuova paura di ciò che accadrà quando te ne andrai. La familiarità sarà sparita. Non c'è nessuno a cui rivolgersi.

Ciò che aiuta con l'ansia, soprattutto nel momento, è la respirazione profonda e gli esercizi meditativi. A parte questo, prendersi cura della propria salute come mangiare il cibo giusto, fare abbastanza esercizio fisico e mantenere attivo il cervello può ridurre l'ansia.

4. Non in vena

Potresti sentirti come se, alcuni giorni, non fossi dell'umore giusto per fare qualcosa. Non vuoi cucinare, o meglio non sai cosa mangiare perché niente è appetitoso. Potresti non essere dell'umore giusto per parlare con nessuno, anche se una buona conversazione può risollevarti il morale. Quando si tratta di faccende semplici come vestirsi, fare la doccia, leggere un libro o semplicemente guardare la TV, potresti semplicemente sentirti insignificante, come se non ci fosse nulla che vuoi fare, per poi pensare che forse dovresti semplicemente tornare a letto. Troppi di questi giorni, però, possono portare alla depressione e anche più ansia, se non stai attento. Avrai questi giorni e ti sentirai in questo modo perché la tua vita non è più drammatica. Non c'è nessuno da accontentare, nessuno con cui combattere, nessuno per cui affrettarsi, nessuno a cui pensare, ecc. Invece, sei lasciata con questo buco pieno di oscurità. Prova a trovare altre cose per riempire quel vuoto ora che hai da più tempo. Cerca di capire se hai interessi e hobby. Parti all'avventura con i tuoi amici e impara a goderti di nuovo la vita.

5. Vergogna

La vergogna arriva quando finalmente ti rendi conto che sei stato con un narcisista per tutto questo tempo e hai ignorato i tuoi amici e la tua famiglia che forse hanno cercato di aiutarti. Potresti pensare a quanto sei stato ingenuo o a quanto ti senti stupido ora. Una cosa da ricordare quando la vergogna e il senso di colpa si insinuano in te è che devi permetterti la pazienza di provare di nuovo amore. Un narcisista è molto bravo a sedurti, accecarti con il suo fascino e tenerti dipendente da lui. Capisci che stavi giocando e tu sei la vittima di questa crisi, non lui o nessun altro. Inoltre, non è colpa di nessuno, quindi perdona te stessa e sii grata di essere un'anima che perdona perché un giorno qualcuno verrà e ti farà sentire benedetto per essere quello che sei.

6. Ripensare a tutto

Fin dall'inizio della tua relazione, quando le cose erano tutte arcobaleni e piene di stelle, il narcisista stava diminuendo la tua autostima. Potrebbe averti detto quanto sei meravigliosa, come sei una su un milione, forse ti stava cercando per tutto questo tempo e ha senso il motivo per cui nessun altro ha funzionato. Ti ha riempito di regali, elogi, sorprese e forse la migliore intimità che tu abbia mai sperimentato. Poi, proprio quando ti sei messa a tuo agio e ti sei sistemata, ti ha derubato con commenti passivi-aggressivi per farti dubitare che fosse un complimento o un insulto. Poiché la relazione era abbastanza nuova, l'hai lasciato correre. Dopo un po 'di tempo, ti sei ritrovato a fare tutto quello che ti hanno detto di fare, come se fossi il loro piccolo burattino. Hai costruito la sua autostima mentre ti abbattevano, ancora e ancora. Ma a causa di quanto fosse meraviglioso all'inizio, hai giustificato le sue azioni e creato una falsa speranza che le cose sarebbero tornate alla normalità se ci avessi provato un po' di più. Durante l'intero processo, ora i complimenti possono sembrarti estranei, potresti guardarti in modo diverso a causa dell'abuso mentale e potresti persino mettere in discussione le tue motivazioni e i tuoi limiti per permettere che ciò accada. Il modo migliore per superare questa insicurezza è concentrarsi sull'amore per se stessi e raggiungere libri di auto o terapisti per aiutarti a ricablare il tuo cervello. Impegnati per la crescita personale e attacca affermazioni positive in tutta la casa per ricordarti che sei umano e stai crescendo.

7. Intensi impulsi sessuali

I narcisisti usano la loro esperienza nel campo sessuale per tenerti bloccato poiché il sesso è principalmente usato per accecare qualcuno attraverso la corsa alle endorfine per rimanere coinvolto. Questo è il motivo per cui le altre persone vedono cosa sta succedendo molto prima di te. Il sesso è una realizzazione reciproca, in cui entrambi soddisfate i vostri bisogni e desideri. Quando il tuo amante narcisistico se n'è andato, lo è anche l'affetto sessuale. Trova modi sani per ottenere le endorfine a cui eri abituato. Questo viene fatto attraverso un intenso allenamento, una serata fuori con un gruppo di amici, risate che fanno male allo stomaco e vicinanza emotiva con i tuoi figli. Se tutto il resto fallisce, leggi un romanzo rosa e usa la tua immaginazione finché non puoi tornare là fuori.

8. Invidia / gelosia

Poiché i narcisisti sono molto egoisti e si preoccupano solo di se stessi, molto probabilmente avranno un piano di riserva. A loro importa solo che venga fornita la loro attenzione, quindi se finisci le cose, ce ne sarà un altro in fila subito dopo di te. Puoi ripercorrere tutto ciò che tu e loro avete fatto nella vostra mente e chiedervi se gli manchi, pensano a te o ti hanno mai amato. Quando pensi o li vedi fare cose che voi due facevate e la gelosia si insinua, ricordate a voi stessi di dispiacervi per la persona con cui sono. Per quanto ti abbiano tradito, delusa, maltrattata e intrappolata e poi scartata come se non fossi niente, lo faranno sicuramente di nuovo. Sii fortunata che la prossima volta non sarai più tu.

9. Dolore

Una volta che hai finalmente accettato che la relazione narcisistica è finita, potresti provare un'incredibile quantità di tristezza. Questo si chiama dolore. Potresti sentirlo intensamente, il che ti farà venir voglia di implorarli e convincerti che le cose non andavano così male. Oppure può arrivare a piccoli scatti, quando succede qualcosa per ricordartelo. Il lutto è il processo finale e può persistere per anni se lo ami veramente. Può essere difficile lasciare andare qualsiasi relazione, ma quella con un narcisista potrebbe essere la più difficile a causa dei suoi metodi di bombardamento dell'amore e delle sue tecniche di legame traumatico. La tua mente vorrà sempre pensare che non è narcisista, che è solo un essere umano che ha giorni buoni e giorni cattivi come il resto di noi. La sua morale può essere un po' fuori luogo e prende decisioni sbagliate, ma soffre anche di profonde insicurezze che non può fare a meno di proiettare su qualcun altro. Potresti provare empatia e pensare a te stesso che puoi ancora aggiustarlo e aiutarlo, se solo potessi spiegare che i loro modi non sono colpa loro e puoi ottenere aiuto. Ma ricorda a te stesso che hai provato queste cose e non è mai finita bene per te. Quando il dolore si assesta, consolati attraverso la tua tristezza e renditi conto che dovevi prendere un narcisista per mostrarti quanto sei forte.

Se hai paura che il tuo ex narcisista sia migliore per qualcun altro e si sposerà e tratterà il coniuge in modo migliore di come non ti ha mai trattato, non preoccuparti: la nostra personalità è fondamentalmente come un'impronta digitale psicologica, non si tratta di un'entità che può essere riparata né cancellata. Se era narcisista nei tuoi confronti, lo sarà anche in seguito. Se ti soffermi sul fatto che lo hai sentito meditare di cambiare per il suo nuovo amante, significa solo che si sta comportando così fino a quando non se ne potrà più. Se temi che non riuscirai mai a risolvere i tuoi bisogni (sessualmente) come ha fatto per te, capisci che ci sono molte persone in questo mondo con cose che probabilmente non hai nemmeno immaginato, il che ti farebbe piacere nuovamente. Non c'è una persona fissa che possa rovinarti qualcosa, tranne che te stesso. È ora di cambiare la tua mentalità, uscire dalla tua crisi e finalmente fare quello che vuoi fare, letteralmente. Pensa a tutte le cose che ti sei perso e a tutto ciò che volevi fare che non te lo permettevano e fallo e basta. Adotta un bambino, prendi un cucciolo, parla con estranei, balla sotto la pioggia, urla a squarciagola. Quando effettivamente esci dal tuo guscio e fai una di queste cose, ti renderai conto che non c'è più nessuno che si lamenti o ti trattiene. Questa sensazione sarà davvero esaltante.

Cosa aspettarsi dal narcisista dopo la rottura

Può essere difficile sfuggire all'ira del narcisista dopo che hai rotto il rapporto, o meglio, provare a rompere il tutto. A meno che, ovviamente, non abbia rotto con te, nel qual caso sii grato e segui tutti i passaggi menzionati in precedenza. Ti farà risparmiare un sacco di crepacuore cercando di inseguirli per poi tornare all'inizio. Se ha rotto con te, pensala come una benedizione sotto mentite spoglie, perché il resto di questa sezione del capitolo ti informerà sui molti modi in cui un narcisista può sfidarti anche dopo che hai finito le tue cose.

Prima di tutto, se il narcisista ha rotto con te, NON ti darà una chiusura, e se rompi con lui aspettandoti la chiusura, ciò non succederà. Un narcisista non ti chiuderà con l'intento di riconquistarti, il che è in un certo senso un tipo di tecnica di attrazione. Ecco i motivi per cui non è in grado di fornirti una chiusura adeguata:

- **Rende difficile attenersi alla regola del divieto di contatto** – Senza la parola "la relazione è finita e io ho finito", si rende più facile per il narcisista manipolare il suo ritorno nella tua vita. La sua scusa sarà "non l'abbiamo mai finita veramente". Per lui, ha degli affari in sospeso con te se non riesce a trovare la sua riserva egoistica da qualche altra parte. In un certo senso, ti tiene in disparte come un modo per tornare alla scorta che hai fornito lui.

- **Le sue parole non hanno senso** – In una relazione sana o normale, una rottura offre a entrambe le persone l'opportunità di discutere o capire i motivi per cui sei incompatibile. Quando chiediamo al nostro ex narcisista cose come perché ha fatto quello che ha fatto, o come si può arrivare a una soluzione, non ci darà mai una risposta diretta. Questo perché non la pensa come te e non ha mai avuto gli stessi obiettivi di relazione. Allo stesso tempo, se risponde alle tue domande, capirà sempre che è colpa tua, additando la colpa ma senza mai farla finita ufficialmente.

- **Nessuna chiusura significa che stai ancora pensando a loro** – Un narcisista sa che la chiusura significa la fine di qualcosa. Sa anche che per la tua sanità mentale, vuoi risposte e capire tutto prima di poter stare con qualcun altro o seguire la tua strada. Se non ti chiude, sa che sei ossessionata e stai analizzando troppo il motivo di tutto ciò. Diciamo che non stai nemmeno pensando a lui - se lo scopre, può usarlo contro di te dicendo che "non ti sei mai preoccupata di lui". Non dandoti un addio ufficiale, sta servendo il suo ego in cui sta ancora guadagnando il potere che può ancora avere su di te.

- **Hanno già ottenuto la tua chiusura** – Nella mente di un narcisista, una volta che hanno preso la decisione di porre fine alle cose, potrebbero semplicemente farla finita lì. Nessun avviso, nessun contatto, nessuna rottura ufficiale, niente. Pensi che sia finita, ma non sei ancora sicura se lo sia o meno. Finché hanno il controllo, si sentiranno sempre potenti e per loro questa è la tua chiusura. L'unico modo in cui possiamo riprendere il controllo è accettare che sia finita e forzare il non contatto su di loro.

Una cosa è certa, che tu sappia o meno con certezza se la relazione è finita. Se vuoi che finisca, lascia che sia finita. Se non lo fai, ma è riuscito a spaventarti, significa che non ti rispetta in questo momento, quindi come puoi aspettarti che qualcosa cambi, anche se le cose funzionassero? Finché mantieni una mentalità ferma su cosa sia la relazione e chi coinvolge e sul fatto che non possiamo cambiare, non dovrebbero esserci problemi.

Una regola: mantieni il contatto, non importa come, tuttavia, se condividi un bambino con loro, continua a seguire la tua routine e fissa un accordo con l'avvocato per la prossima volta che li vedrai, quindi sarà costretto a creare un piano genitoriale con te.

Quindi, cosa succede dopo che la rottura è avvenuta effettivamente? Una volta che tutto è ufficialmente finito e entrambi avete concluso, cosa ci si può aspettare? I narcisisti sono così imprevedibili: possono scagliarsi contro di te, lasciarti senza chiusura e senza risposte, o giocare a giochi

mentali come loro modo di entrare e uscire dalla tua vita.
Inoltre:

1. I narcisisti non hanno mai ufficialmente concluso

Diciamo che sono già passate alcune settimane e non hai
sentito nulla. Ma non essere ancora eccitato, non ha finito.
Potrebbe semplicemente prendersi una breve pausa per
ottenere munizioni per alimentare il fuoco che è nel tuo cuore.
Subito dopo una rottura, i tratti negativi e le caratteristiche del
narcisista che hai visto nella relazione potrebbero essere dieci
volte peggiori. Per proteggerti, assumi o trova qualcuno che
abbia una conoscenza approfondita su come trattare con i
narcisisti.

2. Competono per vincere

In una relazione normale che finisce, ci sarà chiusura,
compromesso, sacrificio, negoziazione o anche solo una fine
che potrebbe essere la soluzione migliore per entrambe le parti.
Tuttavia, un narcisista pensa che se lo fa, li hai sconfitti, il che
è inaccettabile. Quindi, in caso di rottura, fa tutto ciò che è in
suo potere per farti dire che aveva ragione senza in realtà
chiederti di dire lui che non ha mai sbagliato. Invece, ti
incolperà, ti urlerà, ti mistificherà e ti manipolerà finché alla

fine non ti arrenderai e dirai semplicemente "okay, ho capito, mi sbaglio, hai vinto". Ti sentirai come se la lotta fosse finita, ma no. Ora userà tutte le scuse o ragioni per cui hai detto che non era giusto contro di te e ti farà ammettere che tutto ciò che hai detto era una bugia.

3. Non prova rimorso nel tradimento

Hai detto lui un segreto sul tuo passato? Eri vulnerabile con lui per cose di cui ti vergognavi? Forse all'inizio era solidale e amorevole; tuttavia, ora vede ciò come debolezze e le userà contro di te. Hai avuto un figlio con un ex, ma a causa del rapporto mentalmente estenuante con lui, hai rinunciato alle preoccupazioni primarie come mezzo per scendere a compromessi? Bene, il narcisista potrebbe usare anche tuo figlio su di te, anche se non è nemmeno il suo. Il tradimento all'interno delle cose che hai fatto o detto lui in confidenza è tutto un gioco sleale da mettere in evidenza oggi - e no, non proverà rimorso per nulla di tutto ciò.

4. Settimane, mesi, anni, continuerà

Un narcisista cercherà di trascinare la dolorosa rottura per settimane e mesi, poiché si aspetta di vincere. Anche se ti sei già arreso e hai accettato la sconfitta, continuerà a buttarti giù, specialmente se hai una relazione matrimoniale e hai bisogno di un divorzio. Fai un respiro profondo, perché la tua rottura non è ancora finita e sarà la fine del mondo se scoprirà che hai visto qualcun altro. Assicurati di avere un team di supporto edificante dietro di te in ogni momento e un avvocato che ti aiuti durante il processo di divorzio. Questo ti renderà le cose più facili.

Come se le cose non fossero abbastanza impegnative durante la tua relazione, potrebbe sembrare ancora più difficile durante la rottura. Oltre a raccogliere le cose insieme, preoccuparti di quello che fa e prova ad amare te stessa durante la transizione, hai abbastanza da sottolineare con le tue altre cose da fare personali. Ancora una volta, questo è il motivo per cui l'assenza di contatto è così importante. Se non ti lasciano in pace, richiedi un ordine senza contatto. Fai tutto il possibile per proteggerti e semplificarti le cose.

Proteggersi all'indomani della rottura narcisistica

A questo punto dovresti già sapere che soffri o hai sofferto di abuso narcisistico. Questo capitolo può essere sembrato spaventoso e scioccante nel fatto che il narcisista cercherà sempre di avere potere su di te e controllarti, anche molto tempo dopo che la relazione è ufficialmente finita. Ma ci sono modi reali per proteggerti da loro, quindi non rinunciare alla speranza. Allora, come ti proteggi? Alzandoti al di sopra di tutto e prendendo tutto con le pinze, il primo passo è trattarti con rispetto e migliorare la tua autostima in modo da poter riacquistare potere e controllo.

- I confini sono la cosa numero uno che dovresti gestire e procurarti prima. Il narcisista non può raggiungerti personalmente se hai confini forti e rigidi. In questo modo, quando cercano di abusare di te, manipolarti o parlare con te, hai questi confini chiari e non gli permetti di farlo.

- Chiediti: quali comportamenti oltrepassano il limite? Come vorrei che fosse la comunicazione?

- Dopo l'interazione con lui, prenditi del tempo per recuperare e riflettere.

- Medita e visualizza l'autoguarigione prima e dopo le tue interazioni con il narcisista, quindi fai qualcosa di positivo per sollevare il tuo spirito.

- Non mostrare debolezza. Non essere vulnerabile: resta fermo, calmo e riservato. Mantieni la tua posizione e vai via quando le cose si intensificano. In seguito, non ossessionarti, lascialo andare. Non ha più potere su di te.

Quando tieni limiti rigorosi, può essere difficile per il narcisista abbattere i tuoi muri - in un certo senso, è come vendicarti di lui mentre continui a lavorare su te stesso. Alcune cose da ricordare è che l'amore guarisce, comunica, cura e sostiene. Non manipola, incolpa, punisce, ferisce, non compete o ti svaluta. Un narcisista sarà sempre tale, e non spetta a te cambiarlo.

Capitolo 5:

Recupero da una relazione
con un narcisista

Le relazioni narcisistiche sono le più pericolose da attraversare e anche tra le più difficili da cui fuggire. Il recupero potrebbe richiedere anni, in base all'abuso che ti è stato imposto durante la relazione. Hai già imparato cosa può e potrebbe accadere durante la rottura ufficiale, ma il recupero può essere altrettanto difficile, se non più difficile della sofferenza a causa della rottura effettiva e delle sue conseguenze.

Una volta che iniziamo a capire perché è così difficile dimenticare un narcisista, possiamo definire ogni termine e lavorarci su individualmente. Ciò renderà il processo di recupero senza problemi e ti aiuterà a guarire con i passaggi descritti nel capitolo successivo.

1. Le cose normali erano un grosso problema

Quando il narcisista ha preso il controllo delle nostre vite, ha preso il controllo delle nostre menti. Quindi ciò che era normale è diventato anormale a causa del suo condizionamento e del suo ragionamento dietro i sui modi violenti. Ci ha urlato contro per avere amici del sesso opposto. Siamo stati accusati di aver detto la verità. Siamo stati puniti per essere stati onesti. Siamo stati insultati per essere vulnerabili. Tutto ciò che il narcisista ti ha fatto passare ha cambiato il tuo modo di pensare e, alla fine, il modo in cui percepivi il mondo.

2. Hanno controllato ogni aspetto della nostra vita

Ti sei sentito intrappolata? Come se stessi camminando sui gusci d'uovo? Ti sei sentita come se la tua voce e la tua opinione non fossero importanti? La tua percezione e le tue convinzioni sono state cambiate dalle innumerevoli volte che hai provato ma non erano abbastanza buone? Questo perché il narcisista ha acquisito il controllo completo su di te, sui tuoi pensieri, sulle tue convinzioni e sulla tua personalità. Ti ha fatto mettere in discussione tutto, al punto che ti sei sentita completamente pazza. Ad esempio, il narcisista potrebbe aver cercato di trovare un motivo per accusarti di qualcosa che non hai fatto, quindi scagliarsi e minacciarti per questo.

Ora stai esaminando tutto e assicurandoti che non ci sia nulla da trovare, il che ti fa solo sembrare più colpevole e sospettosa. Agli occhi di un narcisista, sbagli sempre e ci sarà sempre un problema.

3. Abbiamo giustificato il loro comportamento

All'inizio della relazione, potresti aver avuto confini e convinzioni ben precise. Forse avevi fissato valori rigorosi e sapevi esattamente cosa avresti sopportato e cosa non era accettabile. Attraverso la tua relazione, ha spinto i tuoi limiti, invaso i tuoi confini e mancato di rispetto al tuo spazio. Come risultato di queste azioni, potresti esserti scatenata, agito in modo diverso dal normale e scatenato la tua bestia interiore per rappresaglia. Alla fine è stato determinato che fosse colpa tua, perché non possono sbagliare. Devi perdonarti per questo, dato che eri in modalità sopravvivenza e i tuoi meccanismi di difesa sono chiari. Parte del tuo recupero riguarda la comprensione di chi eri, in chi ti sei trasformato, quindi la fuga dall'incubo per diventare chi vuoi essere.

4. Le nostre realtà erano distorte

Attraverso tattiche di abuso come mistificazione, manipolazione e sfruttamento, il narcisista ha usato contro di te cose che hai detto, visto, letto o ciò che qualcun altro ha detto, visto o letto. Ma difendersi ha portato a pensare a modi per vendicarsi di lui, e forse anche a provare a farlo; tuttavia, mostrava solo che avevi qualcosa da nascondere. Le sue storie sembravano sempre cambiare quando chiedevi lui di se stesso, il che avrebbe portato a una discussione ancora più grande. Esci dalla relazione e pensi: 'Non so niente di lui' La tua realtà era distorta, perché dovevi sempre raccontare lui ogni dettaglio della tua vita, di come sei stato cresciuto e cosa ti porta alle decisioni che prendi ora.

5. Non ho mai saputo chi fosse

Lasciando la relazione, potresti chiederti se ti ha mai amato. Si è mai preoccupato? Qual era il suo scopo nel rovinarti la vita? Come è stato giusto? Cosa hai fatto per meritarti questo? Perché ti odia così tanto? Perché ha detto di amarti se non l'ha dimostrato? L'elenco delle domande potrebbe continuare all'infinito. La verità è che non saprai mai le risposte a queste, perché il comportamento del narcisista è dappertutto e non ha molto senso. Un giorno era affascinante, dolce, innocente e reale con te, mentre il giorno dopo è completamente vendicativo e malvagio. Come facevi a sapere cosa era reale e cosa non lo era, con il costante colpo di frusta nelle emozioni?

6. Il tradimento è diventato parte dei nostri mondi

Un narcisista è davvero bravo a guadagnare la nostra fiducia in modo che gli diciamo le cose in confidenza, quindi in seguito sfrutta ciò che gli abbiamo detto come un modo per usarlo contro di noi. Potrebbe aver mentito, imbrogliato, giocato a giochi o incitato nel tentativo di ottenere un'azione da te in modo che, quando lo hai fatto, potrebbe immediatamente voltarsi e giocare la carta della vittima. Questo è chiamato il legame traumatico, dove spinge e tira, guadagna il tuo rispetto, ti seduce per accecarti, poi tira le corde del tuo cuore e sottolinea le tue debolezze. Dopo aver guardato indietro a tutto, ora ti senti tradita, persa, ferita e peggio, vuota.

7. Più che il rapporto è stato perso

Come la maggior parte delle relazioni, ti dai a qualcuno che si aspetta lo stesso in cambio. Quando ti separi, sembra che si portino via quella parte di te, ma sei sollevato o quasi grato per questo perché sei cresciuto. Tuttavia, in una relazione narcisistica e in una rottura, non ti sei concesso volontariamente a lui - te lo ha portato via attraverso la loro natura violenta e non hai avuto altra scelta che essere vulnerabile e fare del tuo meglio solo per mantenere la pace. Quando la relazione è finita, non si è limitato a rompere con te, ha rotto piccole parti di te ovunque. Guarda indietro a quello che avevi e chi eri prima di incontrarli. Ora guarda chi sei e cosa hai adesso. Tutto quello che eri e avevi è andato. Per la maggior parte delle persone, è molto difficile accettare questa realtà e superare questo tipo di abuso emotivo e mentale.

Gli estranei o gli spettatori potrebbero averti giudicato e potresti aver perso alcuni amici lungo la strada a causa di questa relazione. Nessuno capisce veramente l '"amore" di un narcisista a meno che non sia stato nei tuoi panni. Sei stata accecata dalla seduzione, hai ricevuto false speranze lungo la strada e credevi che potessero essere e fare di meglio. Un modo per superare e riprendersi dalla relazione è recuperare il sostegno degli altri e iniziare a prenderti cura di te stessa. Nel resto di questo capitolo imparerai come fare proprio questo.

Come evitare di essere risucchiati

A narcissist will try to 'hoover' their way back into your life by coming up with creative ways to get ahold of you or know what you are doing. In a way, you could call it a stalker-type way of trying to gain information on you as a way to figure out if you still think of them.

Here are some hoovers they will use, and how to counteract them:

Il creatore di finte emergenze

Il narcisista spesso finge una malattia o un infortunio per convincerti a venire da lui o visitarlo in ospedale.

Potrebbe arrivare addirittura a farsi del male per conquistarti. Potrebbe usare un amico nei suoi tentativi come tramite se ha tagliato tutti i contatti. La sua unica intenzione dietro il suo amico che fa il lavoro sporco è:

· Che potresti non riconoscere o renderti conto che la persona è sua amica, e ti sentirai più a tuo agio nel cogliere l'esca se non è direttamente dal narcisista.

· Poiché le informazioni non provengono dal narcisista stesso, è più facile credere a un estraneo.

· L'empatico farà di più per qualcuno che non li ha feriti se l'estraneo sembra averne un disperato bisogno.

Il modo migliore per sfidare o contrastare questo tipo di metodo di recupero è vederlo per quello che è. Se uno dei tuoi amici o familiari parla sempre del narcisista, ha bisogno di alcune rigide regole di confine. Dì gentilmente alle persone che conosci che non vorresti impegnarti in alcuna conversazione che abbia a che fare con il narcisista, anche se è in ospedale o nel bisogno.

L'accalappiatore inverso

Questo accalappiatore parla da solo. Il narcisista fa sapere che non vuole avere niente a che fare con te o la tua vita. Dice che è andato avanti e che ha sicuramente chiuso con te per sempre. Tuttavia, il trucco è che il narcisista lo dice ai tuoi amici, alla tua famiglia e alle persone con cui sanno che stai parlando. In un certo senso, è così che non devono chiudere la relazione e tornerai di corsa da loro chiedendo la chiusura e facendo domande. Il narcisista sa che con qualsiasi essere umano è naturale voler ciò che non hai e fare ciò che non puoi fare. Quindi giocano su questo lasciando che "la tua gente" sappia cosa pensa di te - fondamentalmente sfidandoti indirettamente. Quando corri da loro, possono negare che qualcuno di questi pettegolezzi sia stato detto, accogliendoti così tra le loro braccia per farti soddisfare ancora una volta con il loro bisogno di attenzione. Per contrastare ciò, evita di agire su impulso o emozione, poiché il narcisista non ha letteralmente empatia. Vuole quello che vuole e se ti nutri delle voci e fai domande, ti risucchia con il suo fascino e la sua persuasione. Quando ascolti ciò che è stato detto, convinciti che ciò che è stato detto è veramente vero e non hai bisogno di una chiusura perché coglierai questa opportunità per crescere e finalmente guarire.

La connessione psichica

Questo funzionerà su persone che sono particolarmente spirituali. Forse hai parlato al narcisista delle tue convinzioni in astrologia, telepatia, legami e connessioni emotive, comunicazioni nascoste con gli animali, ecc. Se lo hai fatto, userà questa informazione a suo vantaggio. Il narcisista ti contatterà tramite una lettera o un "segno" che ha impostato e che solo tu saresti in grado di notare. Da questo segno, potrebbe portarti a pensare a lui - forse hai creato un legame spirituale quando eri insieme. Ora, ogni volta che vedi questo segno, ti spingerà a stare con lui. Il narcisista ti contatterà anche tramite la segreteria telefonica o qualcun altro, affermando con un effetto drammatico sul messaggio che questo è strettamente "business" e tu devi edere immediatamente il loro risveglio mistico. Alcuni esempi sono:

· Affermare di averti visto in sogno

• Sono andato a trovare un chiaroveggente che ha parlato di voi due

· Una foto o il tuo qudro preferito è caduto dal muro, quindi sei in pericolo.

· La sua intuizione dice che sei nei guai e solo lui sanno come aiutarti

· Il tuo nome era scritto nella sua pozione alfabetica

La natura curiosa o irresistibile di questo lato spirituale di te vuole andare a verificarlo. Il narcisista può essere abbastanza convincente, tuttavia, è solo un accalappiatore. Riconoscilo per quello che è e non partecipare.

L'accalappiatore silenzioso

Con il recupero inverso, il narcisista si metterà in contatto con le persone intorno a te e diffonderà voci o bugie assurde in modo che tu venga a sapere ciò. Un esempio di ciò è che il narcisista pubblicherà indiscretamente qualcosa sul proprio feed social per attirare la tua attenzione, e solo tu e i tuoi tuoi amici sapreste che si tratta di te. Quindi, poiché lo trovi offensivo, dovrai raggiungere e spiegare cosa è successo veramente. Se senti il bisogno di spiegare te stesso, spiega solo alle persone che ti stanno più a cuore. Non contattare il narcisista, non cercare di persuaderlo a rimuovere il palo, se lo fai, causerà solo conflitto e ti avrà tirato indietro usando il legame traumatico per entrare di nuovo nella tua testa.

L'accalappiatore bonus

Non so come chiamare questa tecnica di recupero, ma è successo davvero a me. Stavo facendo le pulizie per un amico a casa sua e ho ricevuto un messaggio dal mio ex. Si è comportato come se fosse una donna, alimentando la mia gelosia. Per prima cosa, mi ha chiesto cosa stessi facendo e io non ho risposto. Poi, dopo un paio d'ore di silenzio, mi sono incuriosita e ho risposto con un messaggio, "cosa vuoi?" Poi ha risposto con "scusa, hai sbagliato numero". Ho agito con rabbia e ho chiesto di sapere cosa voleva.

Poi, mi ha mandato una foto di una donna (probabilmente qualcosa che ha ottenuto da Internet). Attraverso la mia rabbia, ho detto con sicurezza in modo intelligente: "Oh, tesoro, non sentirti speciale, hai avuto molte ragazze nel tuo letto". Poi ha risposto con: "Mi chiama mago". Sentendomi insicura, ho poi risposto con un messaggio e gli ho detto: "Anche lui mi ha chiamato così, quindi spero che questo ti faccia sentire meglio con te stesso". Poi ho messo via il telefono e mi sono congratulata con me stessa per non aver partecipato al suo gioco malvagio.

Il messaggio successivo che ho ricevuto, tuttavia, mi ha spinto oltre il limite. Diceva: "Adoro il colore delle tue estensioni dei capelli, mi stanno davvero bene". Sono abbastanza territoriale, quindi non ho risposto al messaggio perché avevo dimenticato che le mie estensioni erano state lasciate a casa sua e sono andato lì il più velocemente possibile. Quando sono arrivato, ho aperto la sua porta con la chiave che avevo ancora e ho scoperto che era tutto come l'avevo lasciato.

Non era a casa e tutta la mia roba era ben imballata vicino alla porta di casa. Quello che è successo dopo è stato crudele e debilitante ma, per farla breve, è arrivato non pochi secondi dopo e, inutile dirlo, mi ha risucchiato di nuovo. Cosa ho imparato da questa esperienza?

Che era un narcisista in piena regola e che non sarei mai tornato. Ho cercato aiuto tramite amici e team di supporto e il resto dei metodi in questo libro mi ha davvero aiutato.

Ora sono libero dal narcisista e non mi sono mai sentito più potente di quanto mi sia oggi dopo la mia esperienza con il mio ex.

Imparare a guarire

Ogni fase coinvolta nel processo di guarigione richiede tempo, energia, pazienza e impegno. All'inizio può sembrare estraneo acquisire un po 'di chiarezza ed essere di nuovo tutt'uno con te stesso, ma con la pratica sembrerà di nuovo naturale. La guarigione non inizia finché non hai ufficialmente lasciato il narcisista e sai nel tuo cuore e nella tua anima che non tornerai indietro. Ora, il primo passo prima di qualsiasi altra cosa che devi fare è creare un luogo sicuro. Assicurati che il tuo contatto non sia attivo e, se condividi la custodia o hai un figlio con questa persona, taglia i legami emotivamente. Per ogni interazione che hai con lui (solo per quelli di voi con bambini), agisci come se fossi così annoiato o disinteressato che non provengono emozioni da voi. Anche quando hai un piano genitoriale impostato come menzionato nel capitolo tre, potrebbe provare a fare due chiacchiere con te dicendo "io e xxx ci divertiremo così tanto, ho comprato lui un trampolino / biliardo / altalena / Xbox . " Invece di dire "oh, wow" ed eccitarti per questo, non mostrare alcun interesse di fronte a lui. Comportati come se non fosse un grosso problema e non te ne potrebbe importare di meno. Quando guardi tuo figlio per mandarlo via, esprimi felicità e gratitudine dicendo: "Ti divertirai così tanto con mamma / papà, sii buono e usa le buone maniere. Ti amo e ti vedrò quando sarai a casa. " Quando non mostri interesse o emozione nei suoi confronti, presumerà che tu sia andata e che non hanno più potere su di te. Una volta che torni dentro o quando sei sola, puoi liberare le tue emozioni, che si tratti di urlare, prendere a calci un muro o sfogarti con un amico.

Potresti non sentirti come se avessi il controllo, o forse che ha ancora potere su di te. La cosa principale è non comportarti così, perché finché lavori su te stesso e cerchi di guarire dai suoi abusi, ciò andrà a segno. L'obiettivo qui è che tu riprenda il controllo e il potere che ti hanno tolto e ora lo dai a te stesso attraverso l'amore, l'affetto e trattandoti nel modo in cui meriti di essere trattato.

Un modo positivo di guardare a questa fase iniziale della tua guarigione è che non saresti mai in grado di avere questa opportunità se non fosse entrato nella tua vita. Ogni persona è nella nostra vita per un motivo, sia che fosse destinata a restare o meno.

Il problema del crepacuore e dei tempi difficili è che avremo sempre stress e ci saranno sempre problemi. Ciò che conta è come gestirli, come apprendiamo e dove cresciamo. Inoltre, non esiste un modo giusto o sbagliato per guarire, poiché ognuno è il proprio individuo e guarisce a modo suo in base alla propria prospettiva e ai propri punti di forza. Avere sempre obiettivi, correre rischi, incontrare relazioni sane, iniziare un nuovo hobby, andare in palestra, leggere ogni giorno affermazioni positive.

Fai quello che non ti era stato "permesso" di fare quando eri con lui, il che ti aiuterà ad acquisire una nuova prospettiva sulla libertà e ti sentirai davvero bene.

Ecco quattro passaggi per la guarigione:

Fase uno: esercizio

L'esercizio guarisce diverse parti del nostro corpo a velocità diverse, specialmente il nostro cervello. Rilascia gli stessi ormoni che ottieni durante l'intimità e ti aiuta a mantenere la calma in una situazione stressante. All'inizio, puoi iniziare facendo yoga guidato per principianti o allungamenti leggeri mentre inspiri ed espiri lentamente durante l'esercizio. Più esercizio fai, gradualmente avrai più fiducia in te stesso per muoverti sempre di più. Il primo giorno potrebbe essere che ti allunghi a letto, il quarto giorno che fai yoga sul pavimento. Nei prossimi giorni potresti persino avere l'energia o la motivazione per ballare o fare jogging. Una volta raggiunta questa motivazione, assicurati di continuare a fare esercizio, poiché ci sono così tanti benefici per la salute che combattono lo stress che ruota attorno all'esercizio fisico.

Fase due: cammina e sfogati

Non importa se è una bella giornata di sole o se è un freddo, invernale e nevoso, una passeggiata nella natura o anche solo intorno all'isolato aiuterà a liberare la mente da tutti i fardelli. Sfogati nella natura intorno a te: esprimi ciò che devi dire. Non sentirti pazzo se hai bisogno di parlare ad alta voce, ma inizialmente l'obiettivo è sbarazzarti del tuo dolore e del tuo bagaglio in modo da poter andare avanti e guarire. Durante le tue passeggiate, concentrati sulla tua energia interna, fai domande agli "Dei" e ogni giorno cerca i segnali che ti indirizzano nella giusta direzione. Quando piangi naturalmente, lascia che il vento e "Madre Natura" portino via la tua debolezza. Consenti alla tua voce di portare compassione dentro di te. Quando ti senti a tuo agio, più in pace e uno con te stesso, solo allora puoi essere consapevole di ciò che vorresti per il tuo futuro.

Fase tre: scrivere

A volte, la migliore versione è quando puoi scriverlo, rileggerlo e ottenere una prospettiva diversa. Il bello del diario è che puoi essere sicura che nessuno leggerà le tue parole a meno che tu non glielo permetta. Puoi scrivere senza modificare e dire quello che ti viene in mente senza sentirti male per questo. Il journaling può metterti in contatto con i tuoi pensieri, emozioni, comportamenti, prospettive e convinzioni. È così salutare il fatto che stai riprendendo la tua voce e puoi gridare tutto sulla carta finché non sei abbastanza sicura di dire queste cose ad alta voce. Spesso le persone trattengono i propri pensieri e reprimono le proprie emozioni per ignorarli perché sono troppo dolorosi. Scrivendoli, rilasci l'energia negativa che trattieni nel tuo cuore e accogli il flusso di energia positiva dal tuo esercizio quotidiano e dalle strategie di amore per te stesso.

Una volta che sei in grado di rilasciare tutte le tue emozioni oscure e i sentimenti feriti, puoi finalmente iniziare a scrivere delle cose più positive che hai fatto. Prova a iniziare un diario della gratitudine o un diario positivo di auto-riflessione. Fallo ogni giorno prima di andare a letto o prima di iniziare la giornata in modo da poter crescere in tutti i tuoi sforzi futuri.

Fase quattro: novità

La novità consiste nel provare cose nuove, nell'adattarsi ai cambiamenti e nell'uscire dalla propria zona di comfort come persona a rischio. Quando ti impegni in queste nuove avventure, potresti trovare un nuovo risveglio o illuminazione. Ti sentirai ispirata dalla crescita che non sapevi di avere prima. Questo ti aiuterà a perdonare te stessa e grata per l'esperienza del narcisista nel ruolo che ha svolto per portarti qui. La crescita personale riguarda il modo in cui guardi le cose, e poi come scegli di guardare le cose dopo il fatto.

Hai mai creato una lista dei desideri prima? In caso contrario, creane uno ora e, se lo hai, trovala e aggiungi altre cose. Dove hai sempre voluto viaggiare? Quanti bambini vuoi avere? Che tipo di persone vuoi incontrare? Hai una cultura o una lingua preferita su cui vuoi saperne di più? Scegli qualcosa dalla tua lista e inizia a pianificare come puoi raggiungere questi obiettivi, quindi lavora lentamente per raggiungerli una volta al mese, uno alla settimana o anche ogni giorno. Quando finalmente completerai qualcosa dalla tua lista, sarai così lontano da quello che sei ora che la novità di tutto ciò ti aiuterà a prendere le tue decisioni future solo per te. L'obiettivo è renderti felice in tutto ciò che cerchi di fare.

Come capire e proteggere i tuoi valori fondamentali

Alcune persone non sanno quali sono i loro valori fondamentali. Per combattere una persona narcisista e riprendersi dal suo abuso, devi aver stabilito dei limiti per mantenere i tuoi valori, poiché questo la dice lunga sulla tua identità. Ecco alcuni passaggi per capire i tuoi valori fondamentali:

Fase uno: pensa alle seguenti domande in dettaglio completo.

- Quali sono i tre risultati più importanti nella tua vita?

- Quali sono i tre più grandi ricordi o momenti che cambiano la tua vita?

- Quali regole o temi ti interessano di più?

Fase due: considera in dettaglio le seguenti domande.

- Quali sono i tuoi tre più grandi fallimenti nella tua vita?

- Quali sono state le tue più grandi cadute che ti hanno cambiato la vita?

Fase tre:

Sulla base delle tue risposte, che consiglio ti daresti?

Fase quattro:

Riduci queste frasi a poche parole: ad esempio, se una delle tue frasi era "ricorda sempre chi ti ha sostenuto nei momenti più deboli della tua vita", puoi dire "relazioni strette" o semplicemente "relazioni".

Fase cinque:

In quest'ultima fase, devi mettere in pratica i tuoi valori per vedere se è veramente quello che vuoi. In una qualsiasi di quelle poche parole che hai collegato alle tue frasi, prova a pensare a una cosa negativa che sta accadendo ruotando la parola. Ad esempio, se una delle tue parole è "sii assertivo", ma sei più una persona empatica o comprensiva, l'assertività potrebbe non essere il tuo stile. I tuoi valori fondamentali devono corrispondere alla tua personalità e fare più bene che male.

L'intero processo non è qualcosa che puoi completare in cinque minuti. È un progetto che potrebbe richiedere alcune ore, se non un paio di giorni, per pensarci e chiedere consiglio ai tuoi colleghi e alle persone che sanno chi sei veramente. Col passare del tempo, i tuoi valori potrebbero cambiare, ma quelli che ritieni veri e cari al tuo cuore sono quelli per cui vivrai.

Una volta individuati i tuoi valori fondamentali, puoi finalmente iniziare a proteggerli, il che di per sé ti aiuta a imparare e mantenere una base di confine rigorosa. I valori fondamentali possono essere cose come l'importanza della famiglia, sicurezza e stabilità, essere amante degli animali, credente spirituale, uccello libero, viaggiatore, ecc. Questi valori ti modellano e essenzialmente alterano le tue decisioni e determinano la tua prospettiva mentre si trovano nell'ombra della tua personalità. Quando qualcuno, come un narcisista, ti fa mettere in discussione questi valori o addirittura metterli in discussione, devi difenderti per difenderli. Questo è restare fedeli a se stessi e creare confini che gli altri non dovrebbero oltrepassare.

Assicurati di scegliere le tue battaglie con saggezza. Dopo aver capito quali sono i tuoi valori, assicurati che quando sta per sorgere un conflitto, tu sia consapevole della situazione come mezzo per scegliere le tue battaglie. Combattere tutti e tutto ti stresserà e peggiorerà le cose. Impara quando discutere e quando no. Inoltre, questo risale ai tuoi valori chiave: sei una persona aggressiva? Dovresti essere aggressivo in questa situazione? Vale il tuo tempo e le tue energie? O hai la possibilità di sederti e lasciarlo andare? Sapere quando impegnarsi e quando no ti permette di essere consapevole di te stesso e stabile.

Capitolo 6:

I passaggi per la guarigione

C i sono cinque cose che devi liberare da te stesso quando hai appena subito il terribile abuso e le conseguenze di una relazione narcisistica. Per prima cosa, devi accettare il dolore e concederti tempo e pazienza per rattristare la relazione. Proprio come ogni emozione e relazione ha bisogno della tua attenzione per essere in grado di lasciarla andare internamente, anche un narcisista lo fa, ma solo a te stesso, non a loro. Se ti aggrappi al dolore, ti stai aggrappando all'odio e alla negatività. La guarigione richiede tempo e devi arrivare all'accettazione della tua autostima e rispetto di te stesso per riguadagnare il tuo vero carattere o identità, poiché il narcisista te l'ha derubato. Successivamente, devi rilasciare l'illusione o le bugie che ti sei detto su questa persona. Un narcisista non merita giustificazione o empatia per i suoi schemi e abitudini, e non sarai più controllato dal loro potere su di te. Da questo, possiamo passare al perdono del tradimento che potresti avere nel profondo di te stesso, ma anche da ciò che il narcisista ti ha fatto sentire. Il tradimento è una sensazione oscura che, se trattenuto, tutto ciò che vedi e tutti quelli che incontri, metti in dubbio e potenzialmente ti prepari per un'altra relazione violenta. Rilasciare l'ingiustizia che ti è stata fatta può portare un nuovo senso di illuminazione mentre impari a lasciar andare il dolore causato dal narcisista. Questa parte successiva potrebbe essere il passo più difficile, ma la connessione può ancora rimanere anche dopo aver sentito la tristezza di lasciar andare il tradimento e aver definito chi erano veramente e sono. Se la connessione è ancora con loro, saranno sempre in grado di riconquistarti, o potresti ritrovarti in un'altra relazione narcisistica. Una volta completati tutti questi passaggi, puoi finalmente sentirti liberato dall'esperienza e in pace con te stesso, poiché questo è il tuo obiettivo finale dopo ogni forma di brutta relazione.

Rilascio del dolore e lutto per la relazione

È normale piangere una relazione, in quanto ti dà tempo e spazio per lasciar andare i momenti dolorosi e aprirti a esperienze migliori nel tuo futuro. Soffrendo per la perdita della tua relazione e tutto ciò che il tuo ex ha preso, non sarai più innescato dal trauma che ti hanno fatto passare perché piangere o sentirti triste per questo è in realtà il primo passo per lasciarli andare. Il dolore viene fornito con una serie di emozioni secondarie come tristezza, confusione, rabbia, senso di colpa, vergogna, disorientamento, ecc. Ecco alcune cose che puoi fare per aiutare con il processo di lutto della tua rottura per promuovere la guarigione.

1. Lascia che tutto affondi

La confusione nasce dalla domanda di cercare di capire cosa è andato storto e perché. All'inizio, potresti sentirti scioccato o frustrato perché il pensiero che loro non siano più in giro non è stato completamente definito. Cosa farai adesso? A causa di quanto sia drammatico e debilitante il narcisista, potresti aver ruotato tutta la tua vita attorno a qualcun altro. Di conseguenza, potresti non sapere come iniziare a prestare attenzione a te stesso. Non hanno solo preso il tuo cuore, hanno preso tutta la tua vita e la persona di cui eri così sicura di essere prima.

Potresti sentire che non puoi vivere senza di loro a causa della tua dipendenza. Potresti avere un'urgenza schiacciante di correre da loro e chiedere perdono, anche se non hai fatto nulla di sbagliato. In questo periodo della fase di guarigione, sperimenterai "amnesia da abuso", che è essenzialmente il modo in cui la tua mente dimentica tutti gli abusi che ti hanno sottoposto nel tentativo di affrontare lo shock.

Questa è la fase del processo in cui potresti voler festeggiare, bere, ribellarti e scatenarti come non potresti fare nella tua relazione. Se questo è ciò che devi fare, assicurati di tornare alla realtà dopo pochi giorni, poiché questo non è salutare e ci sono tecniche più facili e migliori per superare il dolore.

2. Non combattere come ti senti

Lascia che i tuoi sentimenti vengano - sentili, non ignorarli, quindi permetti loro di andarsene gradualmente. È come respirare: se trattenessi il respiro, moriresti. Ora, immagina di trattenere le tue emozioni: il tuo senso del sentimento e quella parte di te morirebbero lentamente. Ciò renderebbe difficili le emozioni future, lasciandoti vuota e non empatica o, peggio, qualcuno che si scaglia contro tutti e tutto. Se sei triste, sii triste, piangi, falla uscire. Se sei arrabbiata, sii arrabbiata, urla, fallo uscire. Concediti il permesso di piangere la perdita della tua relazione. Va bene ed è molto necessario per il tuo processo di guarigione.

3. Tu vieni prima

Questo è forse il passaggio più importante. Tu vieni prima. Per quanto questo possa sembrarti egoistico, sappi che non puoi accontentare o impressionare tutti. Inoltre, non puoi aiutare qualcuno se non sei pienamente in grado di aiutare te stesso. La cura di sé è fondamentale in questa fase, altrimenti il tuo dolore e la tua tristezza possono portare rapidamente alla depressione. Assicurati di fare almeno uno spuntino durante la giornata se salti i pasti. Se stai perdendo il sonno, prova a fare un pisolino ogni giorno per recuperare.

Nessuno può dire con certezza quanto durerà questo processo di lutto, poiché è diverso per tutti. Una volta che hai attraversato gli alti e bassi del dolore e della confusione, ogni giorno diventerà più facile mentre lo affronti.

Libera l'illusione narcisistica

I narcisisti sono artisti della truffa. Ti conoscono molto bene fin dalle prime informazioni grazie alle informazioni che condividi con loro e ti stanno anche leggendo. Sono brave persone nel leggere, e quindi quando ti vedono come empatico o premuroso e nutriente, sei il loro obiettivo. Capiscono con cosa soffri, qual è il tuo "linguaggio dell'amore" e conoscono i tuoi desideri più profondi in modo che sappiano che tipo di facciata mettere - come agiranno per farti innamorare di loro. Fanno girare la loro rete di incantesimi, lanciano il loro incantesimo d'amore e ti mettono in trance fin dall'inizio, scoprendo che tipo di persona sei in modo che possano essere il "partner perfetto". Questa è l'illusione narcisistica.

Più velocemente riesci a comprendere il fatto che il narcisista non è mai stato chi fingeva di essere, o che sei stato ingannato dal loro giochino, più velocemente puoi iniziare a rilasciare il dolore che deriva dalla loro sporca illusione. Ad esempio, se soffri di un tipo di disturbo d'ansia, il narcisista ti farebbe sentire a tuo agio e sollevato massaggiandoti la schiena o aiutandoti con un esercizio di respirazione. Potrebbe mentire su qualcuno che conosce che soffriva di ansia, o dirti che è ben attrezzato quando si tratta di attacchi di panico poiché ha questa abilità speciale per calmare le persone. Nel frattempo, potresti sentirti calma e raccolta dalla sua aura rilassante, ma in realtà stai cadendo nella sua trappola. Una delle principali rivelazioni di un narcisista è che è abituale per lui tirare in ballo una storia o parlare di se stesso, non importa di cosa.

Rilasciare l'illusione che ti è stata affidata viene prima di perdonare te stesso per essere caduto in primo luogo. Non etichettarti con "Sono ingenuo" o "Sono patetico". Potresti vergognarti di esserti innamorato del fascino, ma chiediti, ti biasimeresti per aver pianto quando guardi un film molto commovente? No, non lo faresti, quindi perché dovresti incolpare te stesso ed etichettarti come qualcosa di meno perché ti sei innamorato dell'"atto" del narcisista? Sei umano e sei amato. Dì a te stesso affermazioni positive complimentandoti o ricompensandoti quando fai del bene. Non lottare per la perfezione, lotta per ciò che puoi fare e non sentirti male per ciò che non puoi. Non è colpa tua se sei stato colto di sorpresa e, attraverso questa illusione e i trucchi del truffatore, puoi ufficialmente dire che sei più forte per questo. Sii grato per le tue esperienze e rimani positivo per ciò che verrà, poiché nulla che valga la pena di realizzare è facile.

Rilascia i sentimenti di tradimento e ingiustizia

Quando ti aggrappi a questi sentimenti di ingiustizia e tradimento, vorrai cercare vendetta. Questa rabbia si accumulerà lentamente dentro di te fino a quando un giorno non sarai più in grado di trattenerla più a lungo. Non tutto ha bisogno che la giustizia sia servita, poiché puoi essere certo che il karma arriverà a queste anime oscure e se ne prenderà cura per te. Trova un potere maggiore e rilascia questa energia cattiva nel mondo in modo da non trattenerla più. Finché mantieni questa energia internamente, consentirai sempre al narcisista di trattenerti. L'obiettivo è non prendere tutto ciò che il narcisista dice e fa personalmente come un modo per combattere il suo abuso. Quando la prendi sul personale, permetti al dolore, all'angoscia e al trauma di accumularsi, lasciandoti così impotente, triste e senza speranza di ritrovare l'amore.

Aggrappandoti al tradimento e ricordando tutto ciò che ha fatto il narcisista, stai portando via te stesso e la tua capacità di concentrarti su ciò che conta davvero. Quello che conta qui e adesso è che non devi più soffrire. Puoi finalmente essere libero e sentirti liberato attraverso l'esperienza come mezzo per crescere, non soffrire. Finché continui a concentrarti sul dolore che persiste e ti chiedi cosa stanno facendo o non stanno facendo, gli stai alimentando "la riserva narcisistica".

1. Sii compassionevole

È altrettanto importante prenderti cura di te stessa fisicamente quanto lo è anche prendersi cura della tua salute mentale. Essendo compassionevole e comprensivo con te stesso, i sentimenti di tradimento e rabbia rimarranno a un livello confortevole e gestibile. Fai spazio alla compassione e alla gentilezza, non alla rabbia e all'ostilità.

2. Ne vale la pena?

Vale la pena dedicare tutto il tuo tempo e la tua attenzione a sentirti arrabbiato e tradito da ciò che hanno fatto? Come permetti a te stesso di crescere quando ti concentri più su di loro che su te stesso? Decidi che non avranno più questo potere su di te. Non ti risentirai più per loro né darai alla relazione più attenzione di quella che hai già. Se lo fai, allora ti allontani da te stesso in questo momento, e in questo momento è fondamentale per crescere non rimanere bloccato.

3. Fatto ed emozioni

Chiediti, quali sono i fatti? E come si relazionano questi fatti con me? perché mi sento come mi sento? Per quanto tempo permetterò a questo di controllarmi? Il fatto è che sei uscito e hai subito un torto da un narcisista. Il fatto è che non possono essere cambiati e non hanno l'empatia o il cuore gentile che fai per aggrapparti al dolore e al tradimento. Invece, sono troppo occupati a cercare di rafforzare il proprio ego e non riescono mai a vedere l'erroneità nelle loro azioni. Solo tu puoi, e mantenerti su questo ostacola la tua capacità di vedere oltre e guarire.

4. Visualizzazione

Per un rapido miglioramento dell'umore, la visualizzazione per allontanarti dalla rabbia può davvero aiutarti in questo momento. Chiudi gli occhi, fai un respiro profondo attraverso il naso e immagina il tuo posto felice. Aggiungi tutti i dettagli che desideri a queste immagini. Espira lentamente attraverso le labbra contratte e rilascia la rabbia che è imbottigliata dentro di te.

5. Sii paziente

Non c'è fretta: non è una corsa per superare questi sentimenti. Ogni fase del processo richiede tempo e devi essere paziente con te stessa, concediti tutto il tempo necessario per immergerti in ogni emozione che ruota le circostanze della tua relazione. Pur essendo paziente con te stessa, non smettere di prenderti cura di te stessa e cercare cose positive da fare ogni giorno, poiché ciò aumenterà il tuo umore e la tua autostima.

Tradimento, rabbia, risentimento e ingiustizia possono inghiottirti se non impari a gestire queste emozioni in modo efficace. Tutto quello che è successo non è stata colpa tua, né è stata colpa del narcisista. Sì, ti hanno abusato e ti hanno derubato della tua sanità mentale, tra le altre cose, ma molto probabilmente sono cresciuti in un ambiente che non era strutturato e malsano, il che li ha resi ciò che sono oggi. Questa non è una scusa per le loro azioni, ovviamente, ma pensare di più in questo modo ti darà la capacità di elaborarlo o di dargli una sorta di senso. Il tradimento nasce dalla sensazione di non sapere perché e di avere domande senza risposta con lo shock e la sorpresa di un evento. Per lasciar perdere, sii pacifico e compassionevole con te stesso: più tempo dedichi a lavorare su pensieri positivi, meno tempo puoi concentrarti sulla rabbia. Il cervello non può elaborare due emozioni allo stesso tempo, quindi nutrilo di bontà e avrai in cambio la bontà.

Conclusione

In questo libro hai imparato cos'è il narcisismo, i tipi e i sottotipi relativi al disturbo narcisistico di personalità ,come co-genitore e come sopravvivere a una relazione narcisistica. I narcisisti prenderanno di mira gli empatici per l'unico motivo che gli empatici alimentano il loro bisogno di attenzione e ipocrisia. Normalmente, gli empatici sono persone che sono già auto-insicure, ma lo mostrano in modo più dominante rispetto al narcisista. Queste personalità accoppiate insieme creano una relazione molto tossica.I narcisisti usano tecniche e metodi abusivi come la mistificazione, la manipolazione, il controllo, il ricatto e lo sfruttamento della loro vittima o partner. Perquanto vorrei dire che non possono farci niente a causa della loro educazione, ognuno ha libertà di scelta per le proprie azioni e con una comunicazione adeguata, i narcisisti possono scegliere di fare meglio e agire in modo più appropriato. Tuttavia, poiché non possono gestire alcun tipo di critica in quanto lo trovano offensivo e vittimizzante, dovrebbero prima lasciare andare il loro perfezionismo, prima di poter cambiare i loro modi.

Se qualcuno ha avuto uno o più figli con un narcisista, non deve solo guarire e superare l'abuso da solo, ma deve anche fare attenzione ai propri figli. Una cosa è essere coinvolti con un narcisista e un'altra è allevarne uno. Per ricapitolare, il capitolo tre discute tutti i modi in cui puoi essere un genitore migliore pur concentrandoti sui bisogni e sull'individualità di tuo figlio. Per interrompere il ciclo del narcisismo, devi imparare come contrastare gli effetti collaterali dei metodi genitoriali narcisistici.

Dalla fine di una relazione, al sapere cosa succede dopo, alla protezione di te stesso, al sapere finalmente come riprenderti dalle conseguenze, puoi finalmente iniziare a guarire. La guarigione richiede tempo ed è l'atto di rilasciare l'energia tossica e negativa dalla tua mente e dal tuo corpo per crescere in ciò che hai desiderato essere. Il narcisista ti ha derubato della tua convinzione di poter fare di meglio ed essere migliore. Seguendo le tecniche delineate nel capitolo cinque, puoi davvero capire i tuoi valori fondamentali e costruire forti confini per proteggerti dal cadere di nuovo nella trappola di un narcisista.

Allora, cosa farai con le informazioni fornite in questo libro? Nessuno capisce e conosce appieno la loro forza a meno che non riesca a mettere in pratica ciò che questo libro ti chiede. Da questo momento in poi, dipende interamente da te cosa desideri fare e come puoi farlo esattamente. Vuoi finalmente pace e libertà? Certo che lo vuoi - quindi, da questo momento in poi, usa questi metodi per crescere e guarire da qualsiasi trauma che hai vissuto finora.

Risorse

Lancer D. (2018) What is Codependency? Recuperato da

Milstead, K. (2018) 8 types of Narcissists – Including One to Stay Away from at all Costs. Recuperato da

https://mindcology.com/narcissist/8-types-narcissists-including-one-stay-away-costs/

Hayes, E. (2017) Recognizing and Surviving Relationships with Narcissists. Recuperato da

https://medium.com/@VivWinslow/recognizing-and-surviving-relationships-with-narcissists-a179f44eab1f

Johnson, B. D. and Berdahl, L (2017) Childhood Roots of Narcissistic Personality Disorder. Recuperato da

https://www.psychologytoday.com/us/blog/warning-signs-parents/201701/childhood-roots-narcissistic-personality-disorder

Atkinson, A. (n.d.) How to Tell the Difference Between Narcissistic Love Bombing and Healthy Romantic Interest. Recuperato da https://queenbeeing.com/tell-difference-narcissistic-love-bombing-healthy-romantic-interest/

(2019) 7 Traits That Make You a Prime Target For a Narcissist. Recuperato da

https://www.yourtango.com/2016298433/narcissists-target-people-these-7-character-traits

Dodgson, L. (2018) Empaths and Narcissists Make a Toxic Partnership – Here's Why. Recuperato da

https://www.businessinsider.com/why-empaths-and-narcissists-are-attracted-to-each-other-2018-1

Burgo, J (2013) The Difference Between Guilt and Shame. Recuperato da

https://www.psychologytoday.com/us/blog/shame/201305/the-difference-between-guilt-and-shame

(2019) Co-parenting with a Narcissist. Recuperato da

https://talkingparents.com/blog/march-2019/co-parenting-with-a-narcissist

Dorsay, A. (2019) How to Help Your Child when the Other Parent Is a Narcissist. Recuperato da

https://m.wikihow.com/Help-Your-Child-when-the-Other-Parent-Is-a-Narcissist

Star, A. (2019) What It's Really Like to Break Up With a Narcissist. Recuperato da

https://www.mindbodygreen.com/0-27078/what-its-really-like-to-break-up-with-a-narcissist.html

Milstead, K. (2019) 7 Reasons Why Narcissists Won't Give You Closure. Recuperato da

https://fairytaleshadows.com/seven-reasons-why-narcissists-wont-give-you-closure/

Sharma, V. S. (2017) 5 Things to Expect After Breaking Up With A Narcissist. Recuperato da

https://www.elitedaily.com/dating/breaking-up-with-narcissist/1847127

Barker, Cara (2011) Protect Yourself from Narcissists. Recuperato da

https://www.huffpost.com/entry/narcissists_b_844805

Milstead, K (2019) Why it is so Hard to Get Over a Narcissist. Recuperato da

https://fairytaleshadows.com/why-is-it-so-hard-to-get-over-a-narcissist/

(2018) Externalization: 5 Powerful Steps to Quicken Your Recovery After Narcissistic Abuse. Recuperato da https://medium.com/@SoulGPS/externalization-5-powerful-steps-to-quicken-your-recovery-after-narcissistic-abuse-253bc52f1ca9

Daum, K (2013). Why Your Personal Core Values Matter. Recuperato da

https://www.inc.com/kevin-daum/define-your-personal-core-values-5-steps.html

Brady, A (2019). How to Stand Up for Your Beliefs Without Confrontation. Recuperato da

https://chopra.com/articles/how-to-stand-up-for-your-beliefs-without-confrontation

Saaed, K. (2017) Grief Management after the Narcissist. Recuperato da

https://kimsaeed.com/2014/05/27/grief-management-after-the-narcissist/

Adam, A (n.d.). Narcissistic Abuse Recovery Step 4 – Release the Pain of the Injustice and Betrayal. Recuperato da

https://www.selfgrowth.com/articles/narcissistic-abuse-recovery-step-4-release-the-pain-of-the-injustice-and-betrayal

Darnel, B. (2014) 9 Tips to Stop Anger and Injustice from hurting you. Recuperato da https://www.psychologytoday.com/ca/blog/less-pain-fewer-pills/201412/9-tips-stop-anger-and-injustice-hurting-you

Tudor, H.G. (2016) Six Specialty Hoovers and how to unplug them. Recuperato da

https://narcsite.com/2016/05/24/six-speciality-hoovers-and-how-to-unplug-them/

CPSIA information can be obtained
at www.ICGtesting.com
Printed in the USA
BVHW061802230321
603262BV00006B/587